Inhaltsverzeichnis

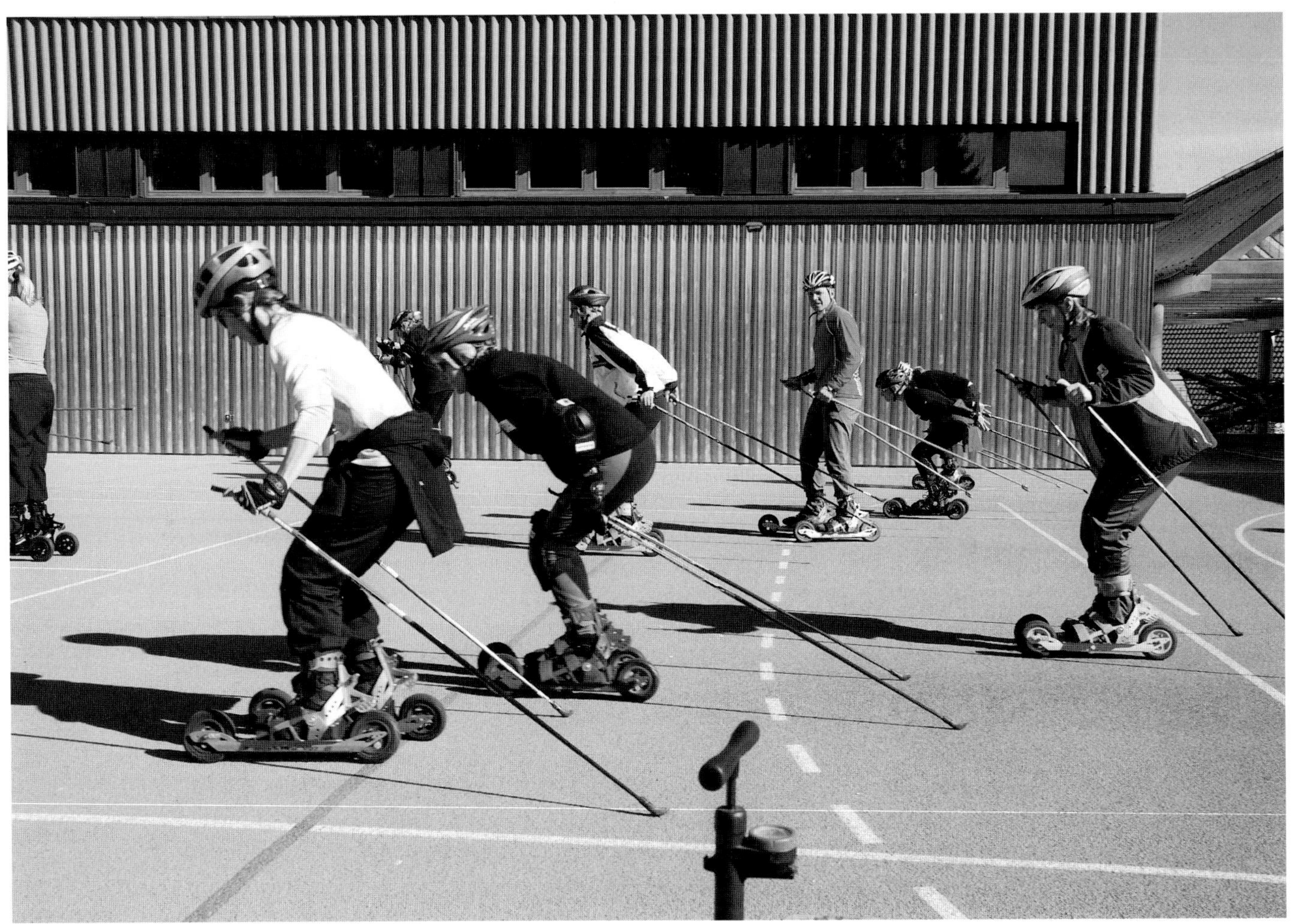

Vorwort

SKIKE – schon wieder eine neue Sportart? Nur bedingt! Ganz neu sind weder das Sportgerät, noch die Ausrüstung. Auch die Form der sportlichen Bewegung und die damit verbundenen koordinativen und konditionellen Herausforderungen erinnern an bekannte Sportarten. Und trotzdem handelt es sich bei *SKIKE* um einen erfolgversprechenden Trend, der für das sportliche Freizeitverhalten neue und bereichernde Maßstäbe setzt. Faszinierend ist nicht nur, dass mit *SKIKE* saisonale Einschränkungen der sportlichen Aktivität aufgehoben, sondern auch verschiedenartige Fortbewegungsformen verbunden werden.

SKIKE ist mehr als eine spitzfindige Wortspielerei; mit *SKIKE* wird die sportliche Fortbewegung des Menschen neuartig, herausfordernd und ganzheitlich erweitert.
Neuartig ist das Rollgerät, das als Kombination von Rollskis und Inlineskates ein schnee- und belagsunabhängiges Skaten ermöglicht. Herausfordernd ist beim *SKIKEN* das anspruchsvolle Spiel mit dem Gleichgewicht, einem der wichtigen Faktoren der psychomotorischen Fähigkeiten. Mit der permanenten Kraft-Ausdauer Beanspruchung von Beinen, Rumpf und Armen ist *SKIKE* schließlich ein hervorragendes Ganzkörper-Training.

Mit der vorliegenden Sammlung von Übungs- und Spielformen gelingt es den Autoren, optimale Voraussetzungen für die Einführung in diese neue Sportartvariante bereitzustellen.
Die fundierten didaktischen Grundlagen überzeugen in sporttheoretischer und sportpraktischer Hinsicht. Die einladende spielerische Einführung eignet sich sowohl als Orientierungshilfe für den geleiteten Unterricht im Schul-, Jugend- und Erwachsenensport als auch als Anleitung für das individuelle Üben und Anwenden der im Unterricht oder in Kursen erworbenen Fertigkeiten.

Es ist zu hoffen, dass die motivierenden Spiel-, Übungs- und Trainingsformen nicht nur einzelne Sportlerinnen und Sportler zu begeistern vermögen, sondern dass damit einer neuen Ergänzungssportart im Schul-, Jugend- und Erwachsenensport mit entsprechenden Organisationsstrukturen zum Durchbruch verholfen wird. Die Grundlagen sind mit der vorliegenden Broschüre, dem Animationsfilm „*SKIKEN* lehren und lernen – leicht gemacht" und den ergänzenden Video-Sequenzen gelegt – für die weitere Verbreitung wird die Begeisterung all jener sorgen, welche sich den sportlichen Herausforderungen von *SKIKE* stellen.

Für diese Herausforderungen wünschen wir allen Sportlerinnen und Sportlern viel Erfolg und dem *SKIKEN* eine schwungvolle Entwicklung.

KURT EGGER, EHEMALIGER DIREKTOR ISPW UNIVERSITÄT BERN
HEINZ KELLER, EHEMALIGER DIREKTOR BASPO MAGGLINGEN

1 *SKIKE* – Fun für das ganze Jahr

„*SKIKE*" – eine faszinierende Wortspielerei! Hinter der Wortspielerei „Nordic-*SKIKE*" steckt eine lange Entwicklung, aber auch eine ganz spezielle Faszination. „Nordic" umfasst alle Ausdauersportarten mit Stöcken und weckt Assoziationen zu Schnee und Winter. Die zwei Anfangsbuchstaben des Wortes *SKIKE* „sk" stellen den Bezug zum Skating her, sei es auf Langlaufskis oder auf Inlineskates. Und schließlich die drei letzten Buchstaben «ike» bilden die Brücke zum *SKIKEN*, denn einige Mountainbikerstrecken kann man Dank den aufgepumten und relativ großen *SKIKE*-Rädern auch mit *SKIKES* bewältigen. Beim *SKIKEN* kann man u. a. bremsen, was sowohl mit Inlineskates als auch mit Rollskis recht schwierig und deshalb oft gefährlich ist. In diesem Wortspiel steckt also das zukunftsweisende Geheimnis dieser neuen Trend-Sportart: Fahren und Skaten mit Rollen auf Asphalt und Naturstraßen, unterstützt mit Stöcken (Skilanglauf-, Blading- oder *SKIKE*-Stöcke) und der Möglichkeit, jederzeit schnell und effektiv bremsen zu können.

Die Idee ist nicht neu! Die Idee von „Fahren auf Rollen" ist nicht neu! Bereits vor 1930 gab es Pioniere, welche Rollskis konstruiert und sich damit in der Zeit ohne Schnee auf die Skilanglaufsaison vorbereitet haben. Schon bald waren Rollskis im Sporthandel erhältlich. Für aktive Skilanglaufsportler bildete das Training auf Rollskis einen festen Bestandteil der Ganzjahresplanung. Doch im Freizeitsport haben sich Rollskis eigentlich nie recht durchgesetzt. Dies dürfte sich nun mit den *SKIKES* ändern. Die lange „Düftlerei" des Östrerreichers Otto Eder hat sich bestimmt gelohnt.

Sicherheit geht vor! Der Sicherheit muss wie beim Inlineskating auch beim *SKIKEN* große Beachtung geschenkt werden, sowohl beim Verhalten als auch mit der Ausrüstung. Wer einmal ohne Helm oder ohne Gelenkschutz gestürzt ist, wird wohl kaum weitere Fahrten ohne Schutzausrüstung unternehmen. Aber diese schmerzvolle Erfahrung sollten sich insbesondere *SKIKE*-Beginner ersparen. Deshalb: Keine Fahrt ohne Helm, Brille, Handschuhe sowie Knie- und Ellenbogenschoner!

Kein spezieller Schuh nötig! Grundsätzlich kann mit normalen, stabilen Schuhen gelaufen werden. Empfohlen werden Langlauf-, Mountainbike- oder Trekkingschuhe. Insbesondere für den *SKIKE*-Anfänger ist ein Schuh empfehlenswert, der über den Knöchelbereich hinaus geht und diesen stützt. Das gibt zusätzliche Sicherheit und Stabilität. Die Einstellung der Fußschalen trägt nachhaltig zum festen Stand auf dem *SKIKE* bei und verhindert das Verrutschen während des *SKIKENS*.

Kurzer Bremsweg garantiert! Dem eigentlichen Durchbruch dieser saisonunabhängigen Sportart könnte das raffinierte Bremssystem verhelfen. Auch bei schneller Fahrt ist es möglich, mit einem kurzen Bremsweg anzuhalten, vorausgesetzt, die Bremstechnik wird gut beherrscht. Deshalb: Auf die Bremsen – fertig – *SKIKE*!

80 Spiel- und Übungsformen – für wen? Mit diesen 80 Vorschlägen und Anregungen mit verschiedensten Varianten möchten wir für Lehrende und Lernende einen Beitrag leisten für freudvolles und gezieltes Lernen, Üben und Leisten. Dazu wünschen wir allen viel Spaß!

Stephan Steger und Walter Bucher

Name der Spielform Ziele/Akzente	Idee/Beschreibung	Hinweise/Organisation
Kluge Köpfe schützen sich Sicherheit Helmobligatorium	Kein *SKIKER* ohne Helm! Wenn schon mit den ersten Gehversuchen der Helm zur selbstverständlichen Ausrüstung gehört, dann gewöhnen sich alle schnell daran. Das gilt dann später auch für gute *SKIKER*! • Trage auch als Lehrperson immer einen Helm (Vorbildwirkung!)	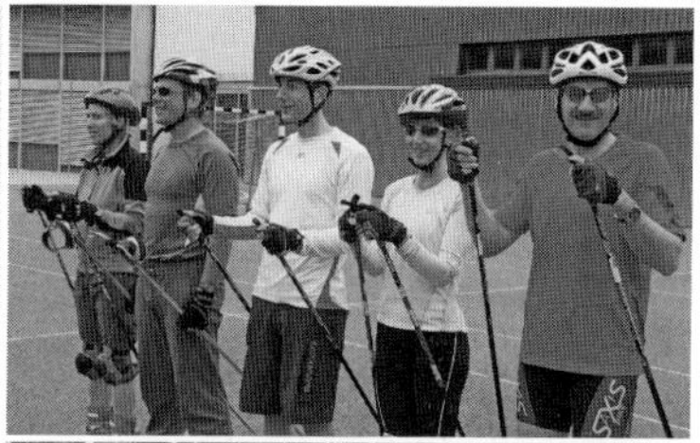
Gelenke, Hände und Augen schützen Vorbeugen ist besser als Heilen	Wer einmal – auch nur schon bei geringer Geschwindigkeit – auf hartem Asphalt gestürzt ist, wird in Zukunft sicher seine Hände und Gelenke mit Schonern schützen (wie beim Inlineskating). Für die Hände werden Lederhandschuhe empfohlen. Das Tragen von (Sonnen-)Brillen ist mittlerweile selbstverständlich geworden. Nebst dem Schutz gegen Sonnenstrahlen schützt sie vor Insekten u. a. m.	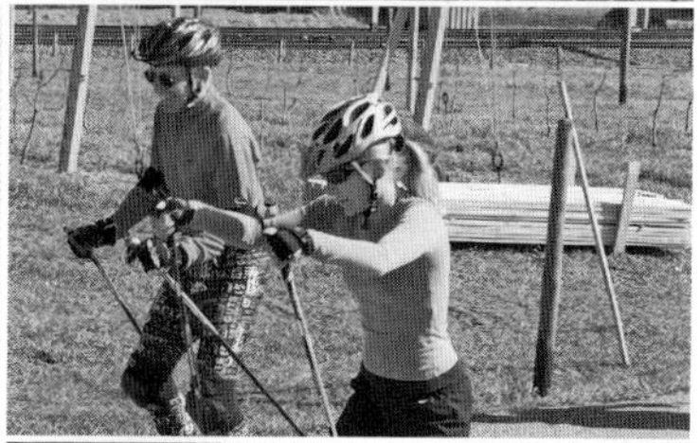
Gutes Rollmaterial Ab und zu ein Boxenstopp	Gut gewartete und aufgepumte *SKIKES* vergrößern das Erlebnis. Es lohnt sich, vor der Fahrt den Pneudruck (7–8 Bar) zu messen und nach einer *SKIKE*-Ausfahrt die *SKIKES* zu reinigen und alles kurz zu kontrollieren, nämlich: • Riemen, Pneus, Stockspitzen i. O.? • Spurtreue i. O.? (*SKIKE* auf Linie stellen und vw. rollen)	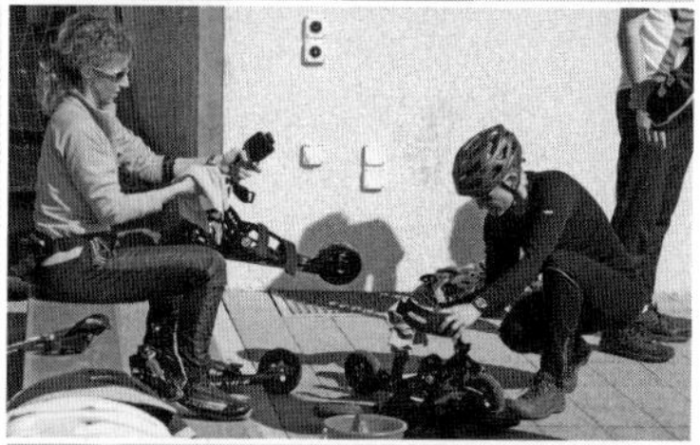
Sicheres Übungsgelände Verantwortung und Sicherheit	Wer *SKIKE* unterrichtet, übernimmt auch einen Großteil der Verantwortung für die Teilnehmenden. Eine Absicherung des Übungsgeländes, so weit dies sinnvoll und nötig ist, wird dringend empfohlen. Deshalb: • Übungsplatz mit Absperrband markieren. • Auf Wegstrecken das Teilstück markieren (z. B. mit Pannendreieck oder „Vorsicht"-Tafeln).	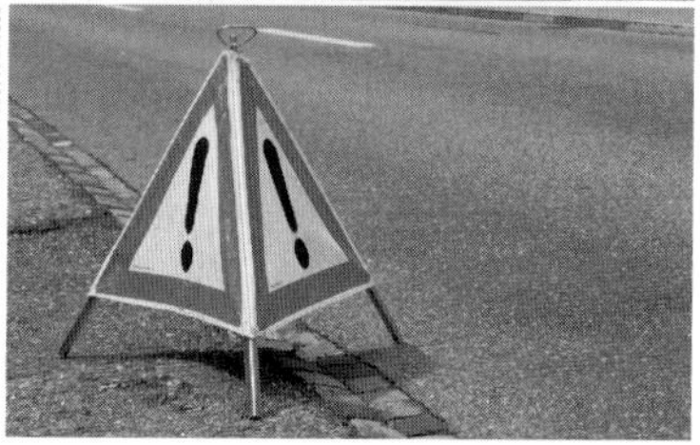

3 Nordic-*SKIKE*/Anfänger

Einleitung

Ob der Einstieg in eine neue Sportart gelingt oder nicht, hängt oft von den ersten Erfahrungen ab. Wenn anfängliche Ängste und Hemmungen durch einen guten Unterricht, durch geschickt ausgewählte und den Voraussetzungen angepasste Spiel- und Übungsformen überwunden werden können, ist schon ein wichtiger Schritt getan. Viele kleine Erfolgserlebnisse motivieren für die darauf folgenden Lernschritte.

Es ist eine faszinierende Aufgabe für Lehrpersonen, diese wichtige Phase des Bewegungslernens für die Teilnehmenden, welche mit verschiedensten Erwartungen in den *SKIKE*-Unterricht kommen, optimal zu gestalten. Die einen möchten möglichst bald in schneller Fahrt *SKIKEN* können; anderen ist jedoch die Sicherheit und das Bremsen mindestens so wichtig. Wieder andere sind vielleicht nur dabei, weil ihre Kollegin oder ihr Kollege sie angeregt hat, mitzukommen. Diesen Erwartungen einigermaßen gerecht zu werden ist die Kunst des Unterrichtens. Dazu einige Tipps für den Unterricht mit Anfängern:

- Sorge für genügend Sicherheit sowohl bei der Ausrüstung (alle Anfänger tragen einen Helm und Handschuhe und alle schützen ihre Knie- und Ellbogengelenke durch Gelenkschoner) als auch auf dem Übungsgelände (Übungsfläche absperren; am Anfang und am Ende des Übungsgeländes, auf einer Straße oder auf einem Weg Vorsichtsignale aufstellen).
- Sorge mutig für Ordnung; vereinbare Verhaltens- und Spielregeln und setze sie konsequent durch.
- Stelle attraktive Bewegungsaufgaben: nicht zu einfach und nicht zu schwierig.
- Beobachte genau, motiviere und korrigiere wohlwollend.
- Mache selber mit, denn du wirkst durch dein Verhalten als Vorbild. Durch Dein „feu sacré" springt der Funke der Begeisterung!
- Meide den zu frühen Leistungsvergleich und fördere das Bewusstsein und die Freude des eigenen Fortschritts.
- Beziehe die Teilnehmenden aktiv ins Unterrichtsgeschehen ein und motiviere sie immer wieder zum selbständigen Üben.
- Wähle eine ausgeglichene Auswahl von geeigneten Spiel- und Übungsformen (schriftliche Vorbereitung).
- Biete Schnupper-, Einsteiger- und Aufbaukurse an (siehe dazu S. 32)

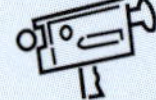

Mehr Informationen zu den Videos finden Sie auf der hinteren, inneren Umschlagseite.

Nr.	Name der Spielform Ziele/Akzente	Idee/Beschreibung	Hinweise/Organisation
1	**Storchenstand** Gleichgewicht Sicherheit 1	Auf Rasen, Tartan oder Asphalt: Das Gewicht von einem Fuß bzw. *SKIKE* auf den anderen verlagern. Die Stöcke dienen als Sicherheit. • Füße nur wenig abheben • 4 Seitwärtsschritte nach links; dann 4 nach rechts • Sich zu zweit einen Ball zuwerfen und fangen • Als Reaktionsübung auf Handzeichen des Partners • Einbeinstand li und re: Wer steht am längsten? • Breite Fußstellung: Langsames Dehnen nach links und nach rechts	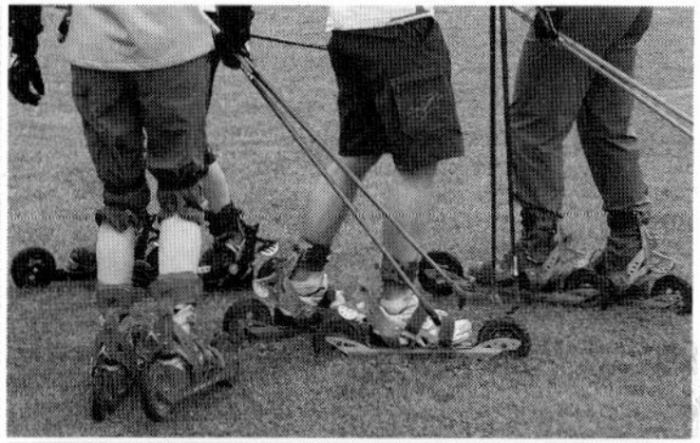
2	**Spiegelbild** Reaktion Sicherheit	Auf Rasen, Tartan oder Asphalt. A und B stehen gegeneinander. A führt Seitwärtsschritte aus und B macht spiegelbildlich nach. Wechsel. • A tritt in einer eigenen, rhythmischen Reihenfolge nach links bzw. recht. B versucht möglichst schnell, den Rhythmus von A zu kopieren. Gegengleich. • Auf akustische Zeichen des Leiters oder der Partnerin nach links und nach rechts treten	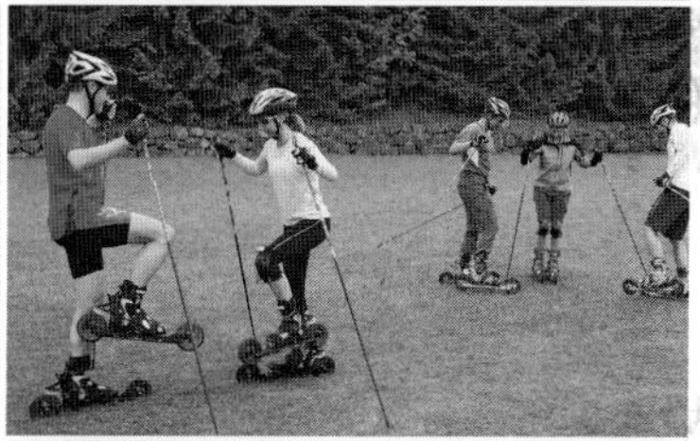
3	**Rollgang** Sicherheit Gefühl für die *SKIKES* 2	Auf Rasen, Tartan oder Asphalt. Mit den *SKIKES* langsam marschieren, ohne zu rollen. • Durcheinander „marschieren" • Sich beim Begegnen gegenseitig mit dem eigenen Namen vorstellen • Sich beim Begegnen gegenseitig eine Frage stellen, eine Bewegungsaufgabe beschreiben usw. • Hindernisse überwinden; um Hindernisse gehen • Alles auch in langsamer Fahrt auf dem Asphalt	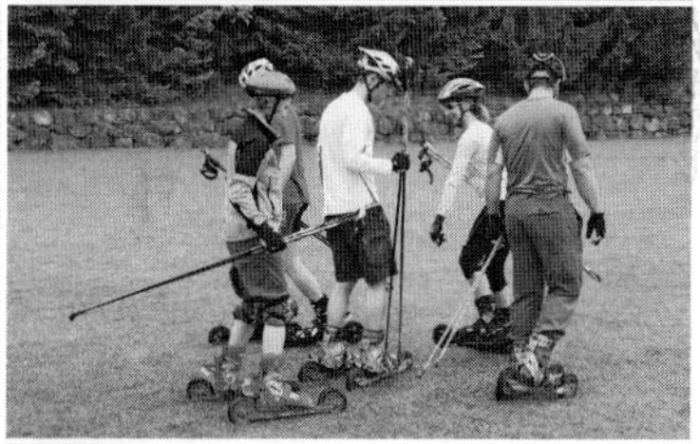
4	**Stehaufmännchen** Technik des Aufstehens 3	Bewegungsaufgabe: Auf den Boden sitzen und dann wieder aufstehen. Empfohlene Reihenfolge: In die individuell ideale Position drehen (1); auf beide Knie stehen (2); ein Bein anstellen und einen Stock stellen (3); auf beide Stöcke aufstützen (4) und langsam aufstehen (5). • Wer steht auf ein Signal hin aus einer vorher bestimmten Position zuerst und ist am schnellsten bei der 5 m entfernten Ziellinie? • A und B stehen spiegelbildlich und im gleichen Rhythmus auf	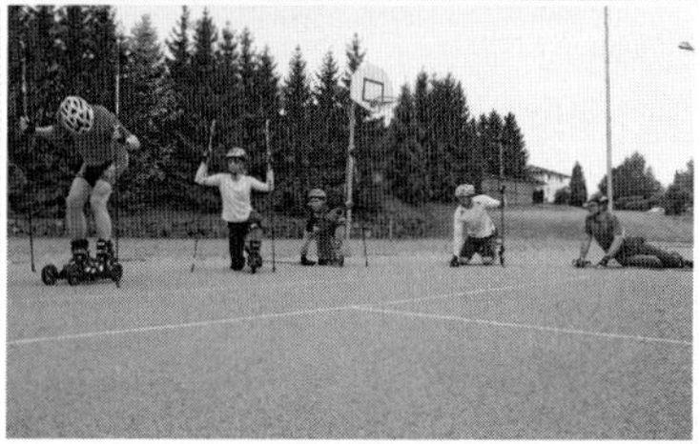

Nr.	Name der Spielform Ziele/Akzente	Idee/Beschreibung	Hinweise/Organisation
5	**Schneckentempo** Rollgefühl Sicherheit 4	Auf Tartan oder Asphalt: Mit eigener „Technik" versuchen, mit den *SKIKES* vorwärts zu fahren bzw. zu rollen. • Mit leichtem Doppelstockstoß • Mit leichten Schlittschuhschritten • Ohne Hilfe der Stöcke • Einen einfachen Parcours fahren • A fährt bzw. rollt voraus; B folgt; Wechsel	
6	**Stoßen und Abschleppen** Reaktion Sicherheit	Auf Tartan oder Asphalt: A (mit *SKIKES*) und B (ohne *SKIKES*) stehen hintereinander. B stößt A vorsichtig und langsam in eine vorher bestimmte Richtung. Nach einer gewissen Übungszeit wechseln die Partner die Aufgabe und die *SKIKES* (*SKIKE* an- und ausziehen üben!). • Sanft anstoßen und den Partner rollen lassen • Sanft abschleppen: A zieht B an einem Stock; Wechsel • Ziehen und stoßen mit leichten Richtungswechseln usw.	
7	**Curling** Gefühl für den Widerstand der Rollen	Es wird eine begrenzte Anlauf- bzw. Anschubstrecke bestimmt. A schiebt B und versucht so zu dosieren, dass B möglichst genau bis zu einer vorher bestimmten Marke rollt (B darf weder bremsen noch beschleunigen!). Wechsel. • Eigene Strecken- bzw. Rolllängen vereinbaren • Mit verschiedenen Partnern • B schließt die Augen und versucht, genau beim Ziel anzuhalten	
8	**Seiltanz** Gleichgewicht	Sich gegenseitig schieben oder ziehen. Wer gezogen bzw. geschoben wird versucht, möglichst nur auf einem Bein zu stehen. • Curlingformen (siehe oben), aber nur auf einem Bein stehen • Wer schafft die längste Rollstrecke nur auf einem Bein? • Anfahren und bis zu einer bestimmten Linie selber beschleunigen (mit oder ohne Stöcke) und dann auf einem Bein rollen lassen • Anfahren, ein Bein anheben und auf der vorderen Rolle abstützen	

Nr.	Name der Spielform Ziele/Akzente	Idee/Beschreibung	Hinweise/Organisation
9	**Störrischer Esel** Vertrauen Sicherheit 5	Mit Unterstützung der Stöcke oder mit Partnerhilfe sich langsam in Rückenlage begeben, „auf die Bremsen stehen" bis sich die Vorderräder leicht abheben. • An Ort, ohne Hilfe der Stöcke (nur mit Sicherung durch Partner) • Aus langsamer Fahrt in verschiedenen Körperhaltungen das Bremsen ausprobieren: aufrecht; in der Hocke • Immer etwas „mutiger" bremsen	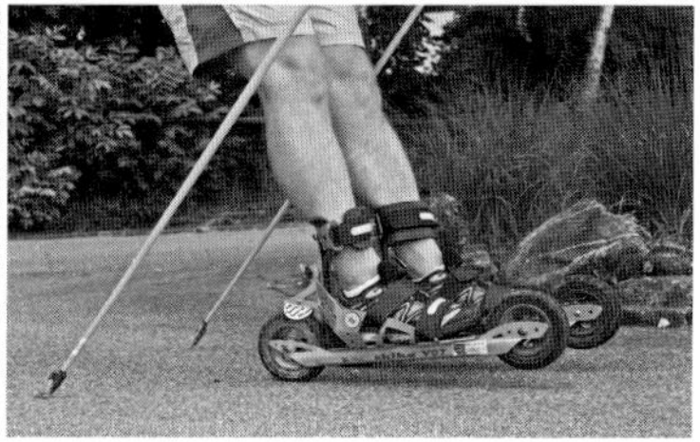
10	**Einbein-Bremse** Vertrauen Bremsgefühl 6	Stand auf beiden *SKIKES*. Ein Bein langsam nach vorne schieben und den Bremseffekt spüren. Gegengleich. • Langsam anfahren, ein Bein vorstellen und sanft bremsen • Immer wieder anfahren, rollen lassen und langsam bremsen • Im flachen Gelände geeignet: Anfahrtstempo leicht steigern und bei einer vorher bestimmten Marke bremsen • Curling-Spielformen: Wer stoppt am genauesten?	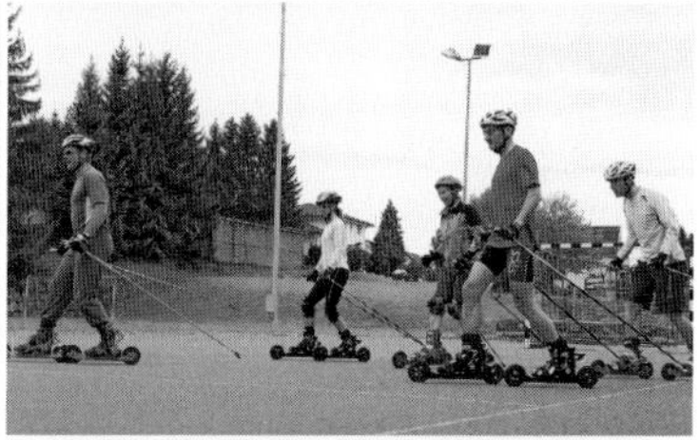
11	**Doppelbremse** Vertrauen Bremsgefühl 7	Ohne Stöcke; Schwerpunkt tief; Stand auf beiden *SKIKES*. Gewicht gleichmäßig und langsam nach hinten verlagern bzw. Füße nach vorne schieben, bis der „Bremsanschlag" gespürt wird. • Leichter Doppelstockstoß, rollen lassen und Gewicht beidseitig gleichmäßig nach hinten verlagern und langsam bremsen • Anfahrstempo erhöhen; Bremswege verkürzen • Curling-Spielformen (A und B bestimmen Anlaufstrecken und Ziele)	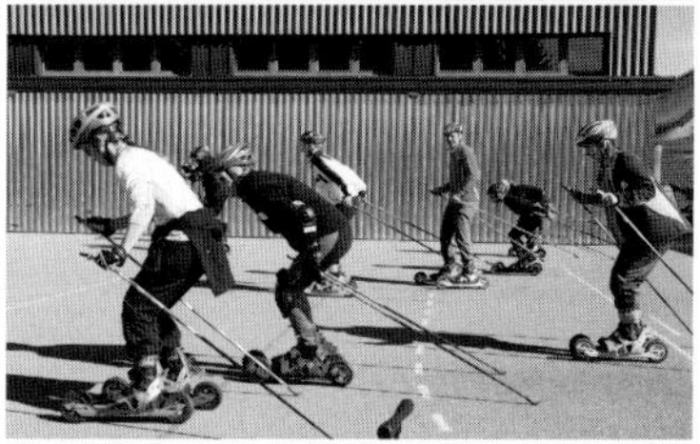
12	**Bremsfestival** Sicherheit Mut	A und B fahren mit ca. 4 m Abstand mit Stöcken hintereinander. A (hinten) ruft: „eine – rechts!" oder „beide!". B führt diese Bremstechnik aus. Nach einer gewissen Zeit Rollenwechsel. • Alle *SKIKEN* durcheinander. Auf ein Zeichen des Leiters versuchen alle möglichst schnell zu bremsen. Wer zuletzt anhält, muss eine kleine Zusatzaufgabe ausführen (z. B. eine Runde fahren o. Ä.)	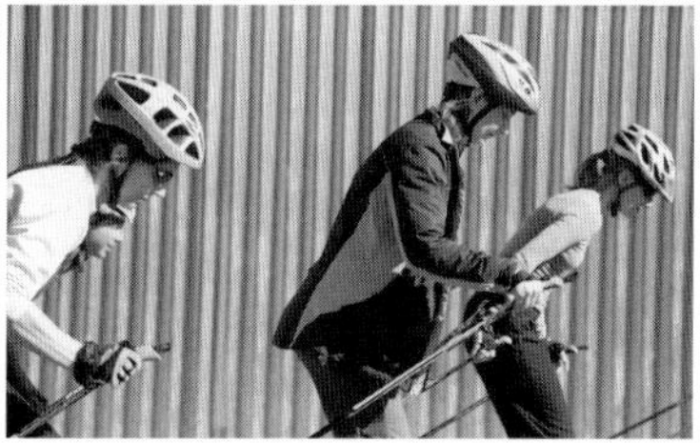

Nr.	Name der Spielform Ziele/Akzente	Idee/Beschreibung	Hinweise/Organisation
13	**Schlittschuhlaufen** Skatingtechnik Gleichgewicht	Mit leichten, seitlichen Abstößen sich vorwärst bewegen. Nach dem Abstoß des einen Fußes diesen (wenn nötig) gleich danach wieder aufstellen und auf beiden *SKIKES* rollen usw. • Schlittschuhschritte fortgesetzt, ohne Abstellen des Stoßbeines • Gleit- bzw. Rolllängen immer verlängern • Schwerpunktslage verändern: hoch, mittel, tief fahren • In regelmäßigem Rhythmus skaten • A und B skaten im gleichen Rhythmus hintereinander; Wechsel	
14	**Skaten und bremsen** Skatingtechnik Gleichgewicht	Nach einigen Schlittschuhschritten rollen lassen und eine der gelernten Bremstechniken anwenden. Wenn immer möglich beidseitig bremsen. • A und B hintereinander. B (hinten) ruft A zu, wann er wie bremsen soll. Wechsel. • Rhythmuswechsel: Ganz kurze, mittlere und sehr lange Schlittschuhschritte ausführen • Wer braucht für eine bestimmte Strecke am wenigsten Schritte?	
15	**Schlittschuhschritt-Kür** Variation Koordination 8	Schlittschuhschritte ausführen und gleichzeitig verschiedene Bewegungsaufgaben mit den Armen ausführen. • Armkreisen in verschiedenen Variationen; Brustschwimmen • Arme seitlich rhythmisch vw. und rw. pendeln lassen • Arme diagonal schwingen (wie beim Eisschnelllauf) • A (vorne) macht vor; B (hinten) kopiert; Wechsel	
16	**Tazzelwurm** Sicherheit Mut 9	A und B oder eine ganze Gruppe fahren hintereinander. A (hinten; ohne Stöcke) fasst die Stockenden von B (Vorsicht vor Stockspitzen!). Nun versuchen beide, im gleichen Rhythmus zu skaten. • 2–5 Teilnehmende stehen hintereinander und versuchen dasselbe • A und B stehen nebeneinander, halten sich an einem Stock und skaten rhythmisch miteinander • Im gleichen Rhythmus hinter- und nebeneinander skaten	

Nr.	Name der Spielform Ziele/Akzente	Idee/Beschreibung	Hinweise/Organisation
17	**Eisschnelllauf-Zeitlupe** Skatingtechnik 10	Wir versuchen, Eisschnellläufer zu kopieren und in Zeitlupe zu skaten. • Zwischen schwachen und kräftigen Abstößen variieren; bei schwachem Abstoß eine etwas höhere, bei starkem Abstoß eine etwas tiefere Position einnehmen. • Hände hinter dem Rücken fassen und mit gebeugtem Rücken fahren • A und B hintereinander im gleichen Rhythmus • Rhythmusvarianten: 2 x kurz – 1 x lang usw.	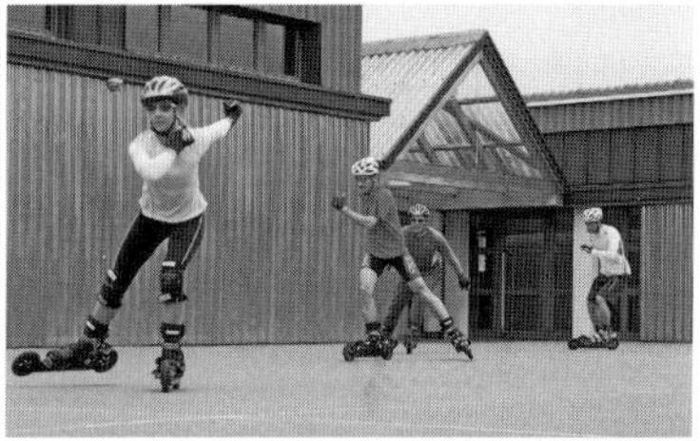
18	**Schubkarren** Skatingtechnik Kraftausdauer 11	A lässt sich von B stoßen. Wechsel. • Durch einen Parcours fahren • Eine leichte Steigung hinauf fahren bzw. stoßen • A schließt die Augen und lässt sich von B stoßen (Vertrauen!) • A (hinten) stößt und beschleunigt ... und lässt B rollen; Wechsel.	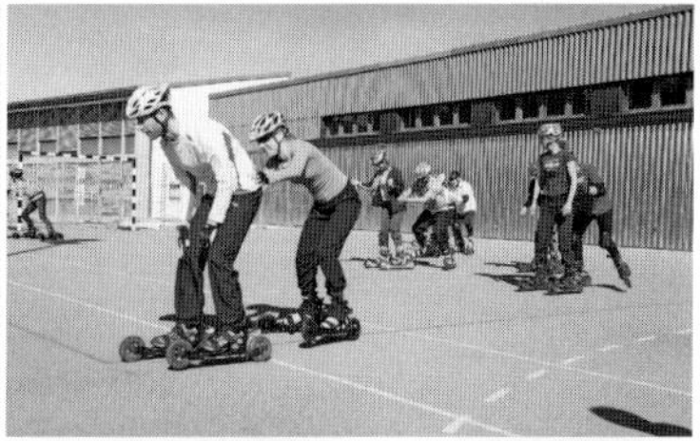
19	***SKIKE*-Jöring** Skatingtechnik Kraftausdauer 12	A lässt sich von B ziehen. Wechsel. Tipp: Stockspitzen mit Pads abdecken! • A darf Tempo und Richtung bestimmen (durch Zurufen, z. B. „hüü!" = links; „hott!" = rechts), oder durch entsprechenden Zug am Stock. • Über eine längere Strecke; Wechsel ist genau vorgegeben oder darf individuell im Tandem bestimmt werden • Als *SKIKE*-Jöring-Stafette • Eigene Ideen der Teilnehmenden	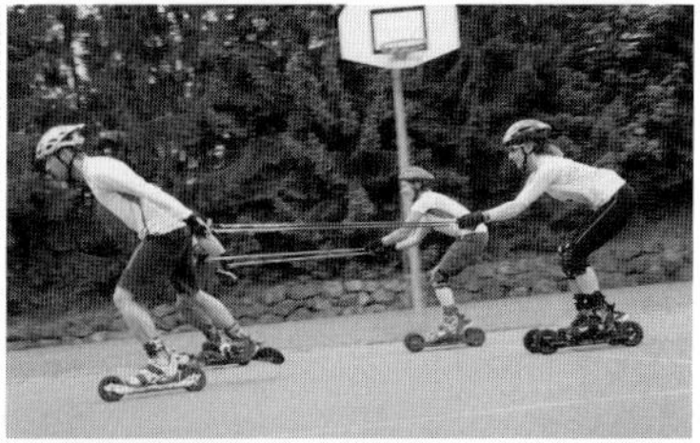
20	**Hindernis-Skating** Lange Rollphase Gleichgewicht 13	In einem vorgegebenen Abstand sind einige Hindernisse (Becher o. Ä.) aufgestellt. Es gilt, im Slalom mit Schlittschuhschritten an diesen Hindernissen vorbei zu fahren. Pro Hindernis darf nur ein Skating-schritt ausgeführt werden. • Als Parallelslalom, zuerst als Training, dann als Wettbewerb • A und B synchron nebeneinander: „links!" – „rechts!" – „links!" • Gruppe synchron hintereinander: „links!" – „rechts!" – „links!" • Als Parcours mit verschiedenen Hindernissen und Abständen	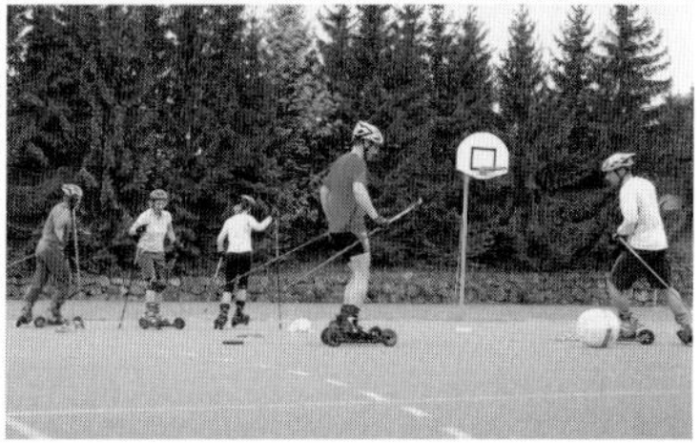

Nr.	Name der Spielform Ziele/Akzente	Idee/Beschreibung	Hinweise/Organisation
21	**Zirkel** Vertrauen Sicherheit 14	Zu zweit; gegenseitig mit genügend Platz: A steht an Ort in der „Pflugstellung" mit einem Stock, Stab oder Seil. B hält sich daran und kreist langsam um B. Dabei hebt B die Füße wechselseitig rhythmisch an: Zuerst wird der bogeninnere Fuß angehoben und nach innen gerichtet; dann folgt der bogenäußere Fuß usw. • Tempo langsam steigern (Vorsicht vor zu großer Beschleunigung!) • A und B fahren gegenseitig im Kreis	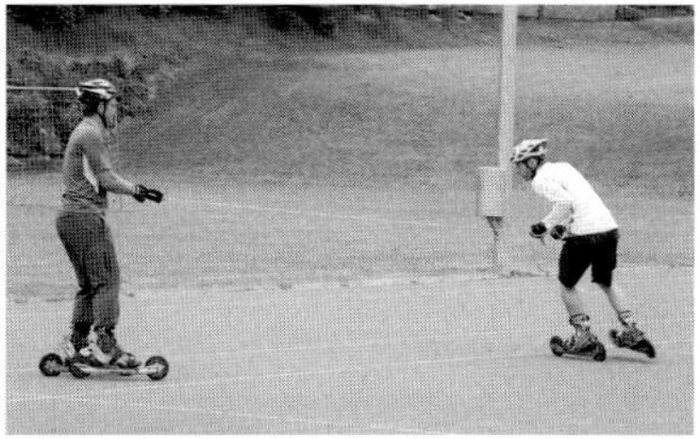
22	**Umtreten ohne Stöcke** Kurven-Technik Sicherheit 15	Alle fahren in einem großen Kreis in der gleichen Richtung und versuchen durch leichtes Bogentreten Kurven um ein Hindernis zu fahren. • Auf den geraden Linien skaten; im Bogen Bogentreten • In der Kurve durch Bogentreten beschleunigen • A und B hintereinander: A (vorne) wählt sowohl die Route als auch die Technik; B (hinten) kopiert. Wechsel	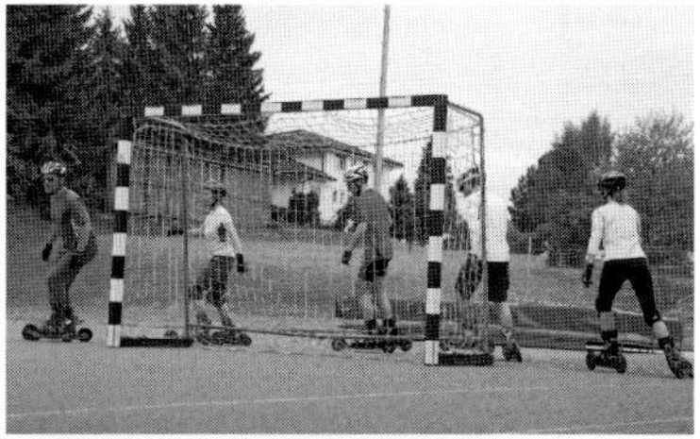
23	**Umtreten mit Stöcken** Kurven-Technik Sicherheit 16	Wir führen einige Doppelstockstöße aus und achten darauf, dass die Stockspitzen neben oder hinter den *SKIKES* aufgesetzt werden. Mit derselben Stock-Technik versuchen, Bogen zu treten: Zuerst kommt der beidseitige Stockstoß, dann hebt der bogeninnere Fuß usw. • Um vorgegebene Hindernisse Bogen treten • A und B hintereinander; der Hintere folgt dem Vorderen • Tempo und Schwierigkeit steigern	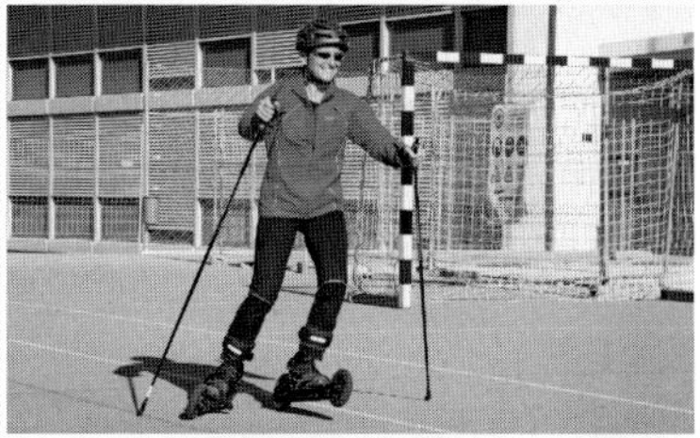
24	**Achterbahn** Übersicht Richtungsänderung Kombinieren	Auf einem großen Platz wird mit Bogentreten in einer Acht gefahren. Dabei hat immer Vortritt, wer von rechts kommt. • Auf Kommando alle abbremsen, dann alle weiterfahren • Rhythmischer Ablauf beim Kreuzen in der Mitte: 1 von rechts, dann 1 von links, dann wieder 1 von rechts usw. • Tempo steigern • Distanzen beim Kreuzen verringern	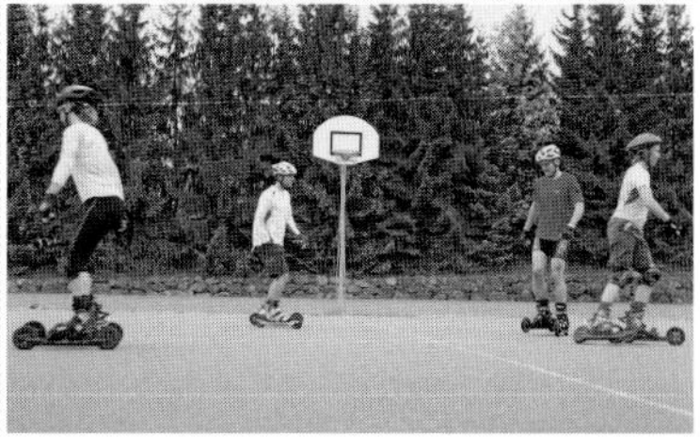

Nr.	Name der Spielform Ziele/Akzente	Idee/Beschreibung	Hinweise/Organisation
25	**2:1-Rhythmus** Technik Rhythmus 17	Wir lernen und üben die am häufigsten angewendete Technik des Skatens, den 2:1-Rhythmus! • Schlittschuhschritte ohne Stockeinsatz ausführen und sich dabei selber bei jedem Schritt rhythmisch begleiten mit: „und jetzt" – „und jetzt" – „und jetzt" usw. Auf „und" erfolgt der eine seitliche Schritt li; auf jetzt erfolgt der Stockeinsatz und zugleich der zweite seitliche Schritt re. Danach mit Stockeinsatz versuchen.	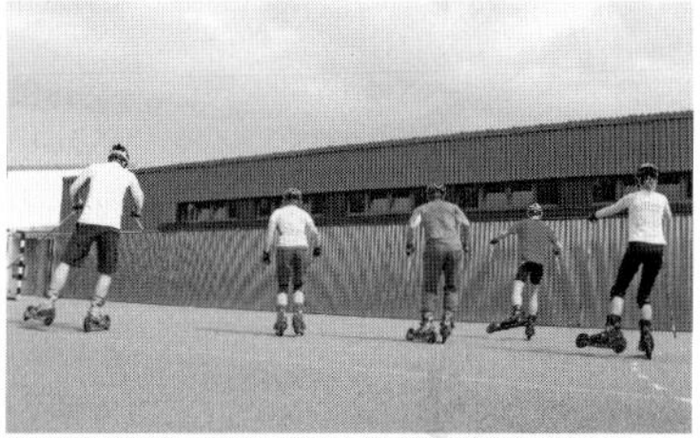
26	**Rhythmus-Spiele** Technik Rhythmus	A und B fahren hintereinander und versuchen sowohl den Stockeinsatz wie auch Schritte synchron auszuführen. • In einer Gruppe versuchen, synchron zu skaten • In der Führung abwechseln (wie bei einem Sechstagerennen) • Bewusst kürzere und längere Schritte ausführen • In verschiedenem Gelände ausprobieren (z. B. leichte Steigung)	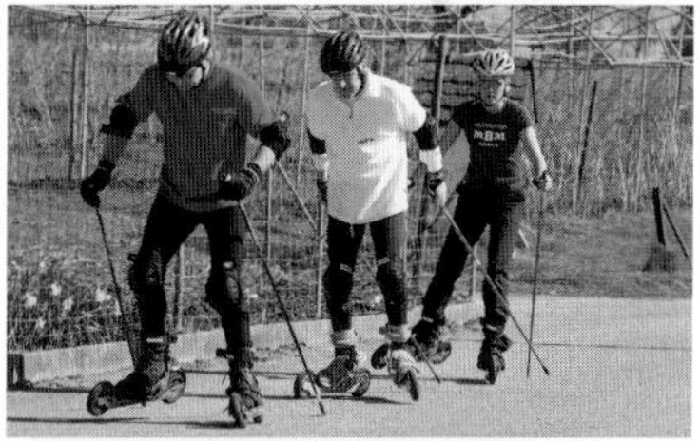
27	**Kombinationen** Variation Sicherheit	Es werden alle erlernten Techniken kombiniert: • Doppelstockstoß • Skaten ohne Stöcke (Stöcke einem anderen abgeben) • In der 2:1-Technik laufen • Bogentreten li und re • A fährt voraus; B fährt hinterher und kopiert die Technik von A	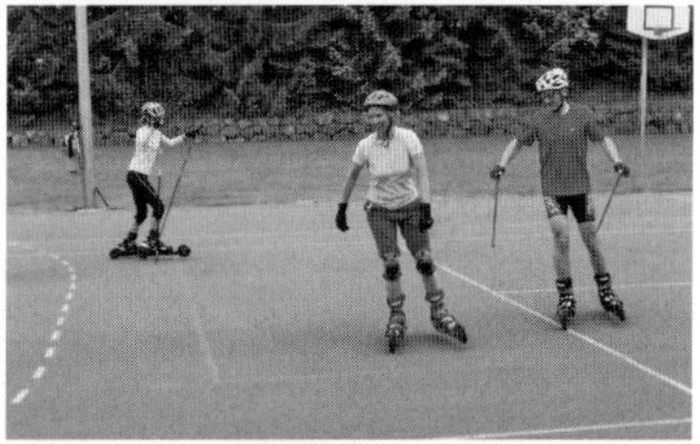
28	**Würfel-Skating** Variation Sicherheit	Alle haben einen Würfel. Die gewürfelte Zahl bestimmt, in welcher Technik eine Runde, eine Länge oder eine bestimmte Strecke gefahren werden muss. Die Techniken sind auf einer Tafel oder mit Kreide auf dem Boden beschrieben. Beispiel: 1: Doppelstock; 2: 2:1-Technik; 3: Bogentreten 2 x li und 2 x re; 4: Schlittschuhschritte ohne Stöcke; 5 Tandem-Skating; 6: A stößt B.	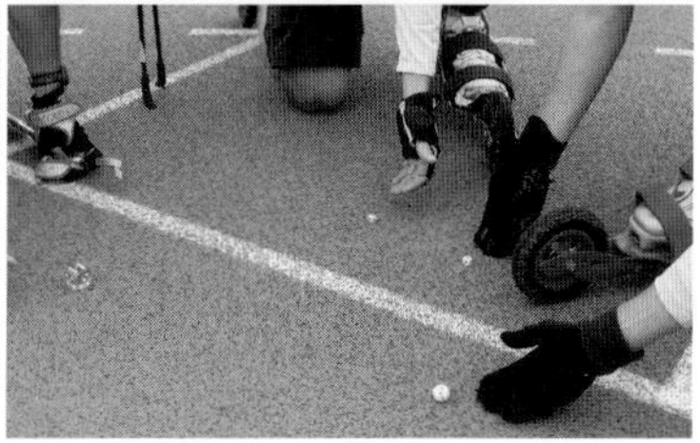

4 Nordic-*SKIKE*/Fortgeschrittene

Einleitung

Was sollen und wollen Fortgeschrittene noch lernen; die können doch schon *SKIKEN*? Wenn sich Teilnehmende für einen Kurs für Fortgeschrittene zusammenfinden, dann geben sie damit die Antwort bereits: Sie wollen etwas (dazu-)lernen. Meistens beherrschen sie zwar die Grundtechniken der einzelnen Bewegungsarten recht gut, können sicher abfahren, kontrolliert bremsen und Kurven fahren und bringen gute physische Voraussetzungen mit. Diese idealen Voraussetzungen gilt es im Unterricht mit Fortgeschrittenen möglichst optimal zu nutzen. Leitende mit guten technischen Voraussetzungen können allen Teilnehmenden einiges vorzeigen und vieles beibringen. Wenn es an eigenen technischen Fähigkeiten zum guten Vorzeigen mangelt, dann gibt es in jeder Gruppe einzelne, welche dies oder jenes sehr gut und „vorbildlich" vorzeigen können und gerne bereit sind, ihre Fähigkeiten zu demonstrieren. Ein gutes, elegantes Vorzeigen überzeugt am meisten und erspart zudem oft viele Worte.

Fortgeschrittene wollen gefordert werden und in möglichst kurzer Zeit viel Neues lernen. Diese Ausgangslage ist eine optimale Voraussetzung zum Lernen und Üben, erfordert aber einen strukturierten und gut vorbereiteten Sportunterricht.

Dazu einige Tipps für den Unterricht mit Fortgeschrittenen:

- Sorge für genügend Sicherheit bei der Ausrüstung (alle tragen einen Helm und Handschuhe; empfohlen werden Knie- und Ellbogenschoner).
- Sichere das Übungsgelände mit Sicherheitstafeln oder Bändern ab.
- Sorge mutig für Ordnung; vereinbare Verhaltens- und Spielregeln und setze sie konsequent durch.
- Lerne die Teilnehmenden, sich selber und andere zu beobachten und korrigieren zu lernen.
- Gehe auf kritische Fragen ein, aber vermeide zu lange Diskussionen.
- Sprich wenig; zeige lieber kurz vor (oder lasse vorzeigen).
- Stelle attraktive Bewegungsaufgaben.
- Gib klare Beobachtungskriterien bekannt und begründe sie, damit die Teilnehmenden die Technik verstehen und sich dadurch in ihrem Lernprozess gegenseitig besser korrigieren bzw. unterstützen können.
- Beziehe die Teilnehmenden aktiv ins Unterrichtsgeschehen ein und lasse sie eigene Bewegungsaufgaben finden.
- Sorge durch Deine Art des Unterrichtens für eine freudvolle Unterrichtsatmosphäre.
- Stelle gegenseitige Beobachtungsaufgaben
- Halte einzelne Bewegungselemente mittels Video fest und analysiere sie mit den Teilnehmenden

Weitere Ideen und Anregungen zum SKIKEN siehe „1018 Spiel- und Übungsformen auf Rollen und Rädern" und „1017 Spiel- und Übungsformen im Schneesport" (Kapitel nordic skating); Hrsg. Walter Bucher: Information und Bezug in Deutschland: sportfachbuch.de und in der Schweiz: bupro@bluewin.ch

Nr.	Name der Spielform Ziele/Akzente	Idee/Beschreibung	Hinweise/Organisation
29	**Schlittschuhschritt-Varianten** Gleichgewicht Technik Beinabstoß 18	Ohne Stöcke: Beginne mit langsamen, kurzen Schlittschuhschritten und werde zusehends länger. Verlagere das Gewicht immer länger zuerst auf die eine, dann wieder auf die andere Seite. • Rhythmuswechsel: 4 x kurze, 4 x lange Skatingschritte • Verschiedene Körperpositionen: hoch, tief, mittel • Rhythmusspiele zu zweit hintereinander, z. B. 2 x kurz, 1 x lang usw. • Kleine Wettspiele mit Skatingschritten ohne Stöcke	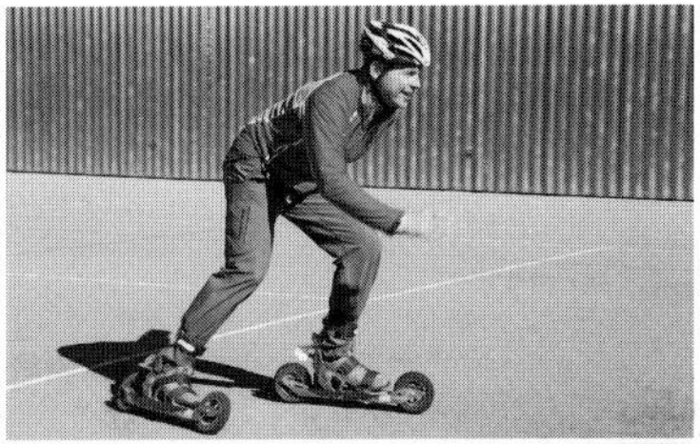
30	**Skating-Kür** Gleichgewicht Technik Beinabstoß 19	„Spiel" mit der Skatingtechnik: Stell dir vor, du wärst ein Einkunstläufer und erfinde kleine Kunststücke auf den *SKIKES*. • Verschiedene Einbeinvarianten, z. B. Standwaage • Einbau von kleinen Sprüngen oder Sprung- und Tanzschritt-Kombinationen • Überkreuzen des Spielbeins vorne und/oder hinten • Kleine Kür zu zweit, zu dritt oder in der ganzen Gruppe	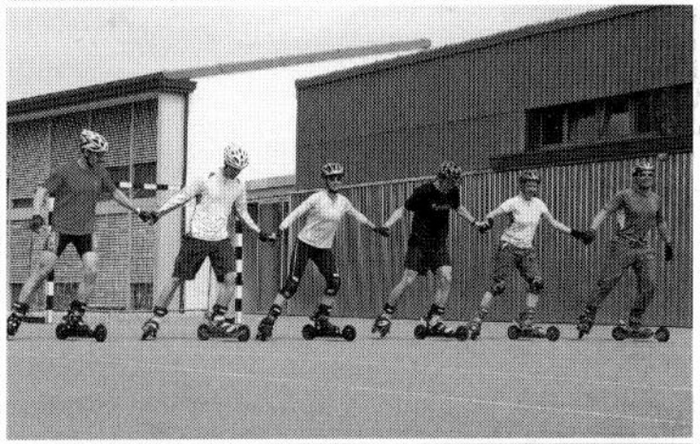
31	**Rhythmusspielereien** Koordination Kooperation	Fahrt hintereinander zu zweit, zu dritt, in der Großgruppe mit dem Ziel, dass alle im gleichen Skatingrhythmus fahren. • Zu zweit: A vorne; B hinten. A oder B gibt den Rhythmus bekannt durch Vorfahren oder Zurufen. • In der Gruppe: Der/die hinterste ruft den Rhythmus laut vor oder singt ein bekanntes Lied; alle anderen sprechen, rufen, singen mit.	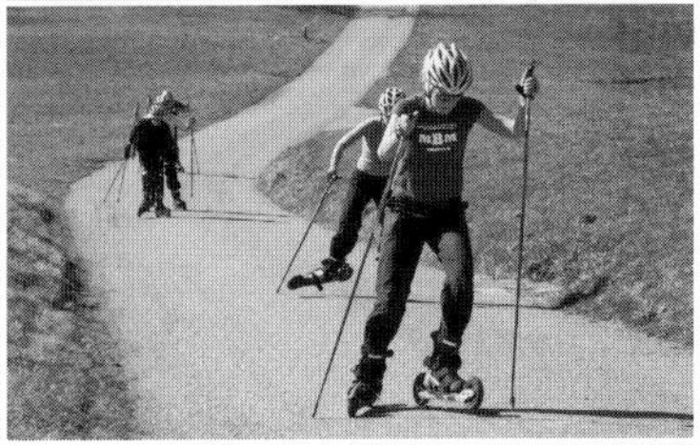
32	**Abschlepp- und Stoßspiele** Beinkraft Spaß	Wir schieben und ziehen einander in den verschiedensten Varianten. • A stößt B; B lässt sich stoßen und steuert die Richtung. Wechsel. • A stößt B; B bremst von ganz leicht bis ziemlich stark. Wer stößt, darf die Bremsstärke bestimmen von 1 bis 5 . • A und B ziehen C (mit einem Gummiband um den Rücken) an. C wird auf diese Weise möglichst weit nach vorne „katapultiert". • A stößt B und C (siehe Foto).	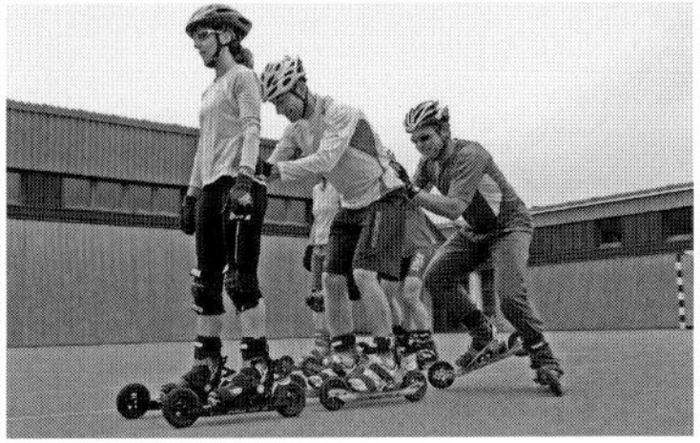

Nr.	Name der Spielform Ziele/Akzente	Idee/Beschreibung	Hinweise/Organisation
33	**Zeitlupen-Skating** Gleichgewicht Rhythmusgefühl 20	Das lange Gleiten auf einem *SKIKE* ist das A und O! Stoße mit einem Bein kräftig ab, ziehe den Abstoßskike gegen den Gleitskike und berühre diesen leicht und versuche danach auf dem Gleitskike möglichst lange zu rollen bzw. zu gleiten. • Stoße mit dem einen Bein ab, stehe sanft auf den anderen Fuß, gleite und zähle auf 3 (4, 5 ...), bevor du zum nächsten Skatingschritt ansetzt. • Gelingt es, so lange zu gleiten, bis du beinahe still stehst? • Zu zweit nebeneinander: Wer kann länger auf einem Fuß rollen, bevor der andere wieder aufgesetzt wird?	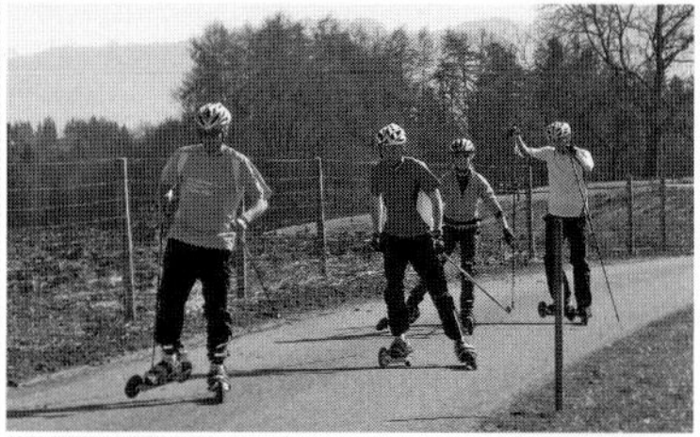
34	**Tazzelwurm** Gleichgewicht Rhythmusgefühl	Zwei, drei oder mehrere *SKIKER* stehen hintereinander und fassen die Stockenden des Vorderen. Nun beginnen alle ganz langsam und mit kurzen Skatingschritten im gleichen Rhythmus zu laufen. • Die Länge der Gleitphasen wird vom Vordersten bestimmt • Alle synchron 2 x links abstoßen, dann rechts lange gleiten; dann 2 x rechts abstoßen und links lange gleiten	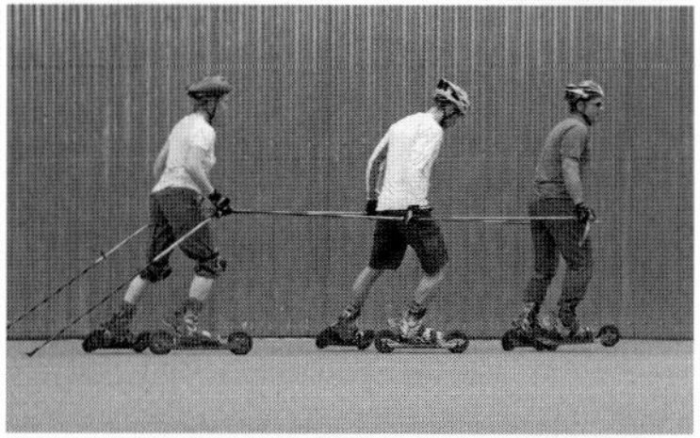
35	**Bunter Rhythmus-wechsel** Gleichgewicht Rhythmusgefühl	Spielt mit dem Skatingrhythmus! • 2 x kurz – 2 x lang; 3 x kurz – 3 x lang usw. • Übernimm den Rhythmus des vorderen • Wechsle vom Doppelstockstoß zum Schlittschuhschritt und wieder zurück zum Doppelstockstoß • Schlittschuhschritt – Bogentreten – Doppelstockstoß usw. • Mal mit, dann wieder ohne Stockeinsatz	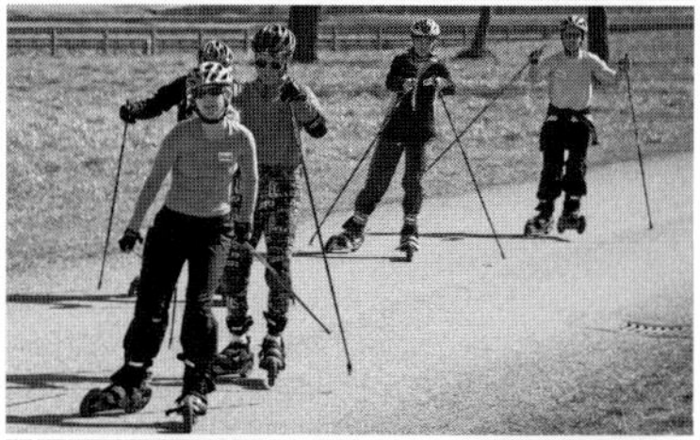
36	**Siitonen-Schritt** Reaktion Rhythmus 21	Siitonen, ein Finne, hat 1938 die Technik des einseitigen Schlittschuhschrittes eingeführt (nicht zur Freude aller Ski-Diagonalläufer, weil damit immer die eine Loipenspur beschädigt wurde!). Der eine *SKIKE* sichert die Richtung, während mit dem anderen Fuß einseitige, aufeinanderfolgende Schlittschuhschritte ausgeführt und dadurch beschleunigt wird. • Nach einigen Siitonen-Schritten rechts auf die linke Seite wechseln	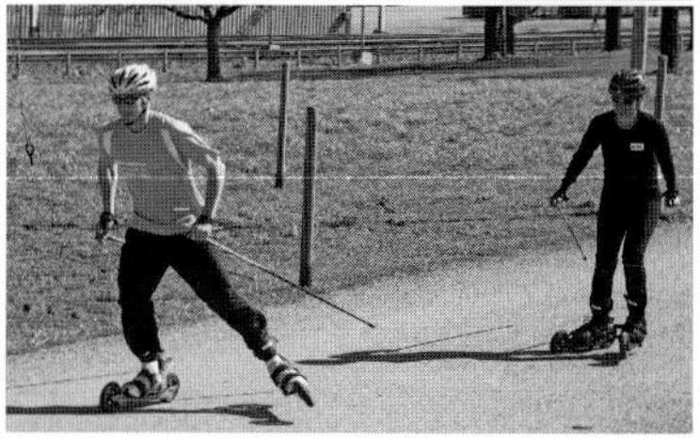

Nr.	Name der Spielform Ziele/Akzente	Idee/Beschreibung	Hinweise/Organisation
37	**Skatingschritt** Rhythmus Koordination 22	Beginne mit kurzen, rhythmischen Schlittschuhschritten ohne Stockeinsatz. Nach einigen Schritten setzt du den rechten Stock mit dem rechten Skatingschritt ein. Dann dasselbe nur mit dem linken Stock und dem linken Schritt. • Stockeinsatz 2 x rechts; 2 x links • Übergang zum Einsatz mit beiden Stöcken	
38	**Technik 1:2** 1:2-Technik Rhythmusgefühl 23	Auf die Seite, auf der du dich wohler fühlst, setzt du den Akzent des Stockeinsatzes. Mit dem Stockeinsatz erfolgt der 1. Beinabstoß. Mit dem 2. Beinabstoß werden die Stöcke wieder nach vorne geführt (= Technik 1:2/asymmetrisch). • Gleicher Ablauf mit Akzent auf die andere Seite • Fahre eine Strecke mit möglichst wenig Krafteinsatz in den Armen • Achte auf einen langen Stockstoß und auf das lockere nach vorne Führen der Stöcke.	
39	**Siamesen-Skating** 1:2-Technik Rhythmusgefühl Koordination Antizipation	A und B skaten in der Technik 1:2 eng hintereinander. B versucht, jeden Rhythmuswechsel von A sofort aufzunehmen und umzusetzen. Wechsel. • A und B haben je nur einen Stock und fahren hintereinander. A variiert; B kopiert. Wechsel. • B kommandiert den Rhythmus und A übernimmt	
40	**Seitenwechsel** Koordination Rhythmusgefühl 24	Führe einige Skatingschritte aus mit Betonung auf Abstoß rechts, danach mit Betonung auf Abstoß links. Wechsle während des Fahrens immer wieder. • Fahren in der Gruppe. Der Vorderste bestimmt die Abstoßseite und ändert diese im Verlauf dauernd. Die Hinteren versuchen immer, sich dem Rhythmus des Vordersten anzupassen.	

Nr.	Name der Spielform Ziele/Akzente	Idee/Beschreibung	Hinweise/Organisation
41	**Stockeinsatz** Koordination Individuelle Technik 25	Skate und variiere den Einsatz der Stöcke: • zuerst Stockeinsatz, danach Abstellen des Gleitfußes (= Technik 1:2/symmetrisch; geeignete Technik für flaches Gelände) • mal auf der Höhe des Abstoßbeines, mal hinter dem Abstoßbein • ein Stock weiter vorne, einer weiter hinten (= Technik 1:2/ asymmetrisch; geeignet bei leichter Steigung) **Tipp:** Einsatz der Stöcke auf der Höhe des Abstoßfußes.	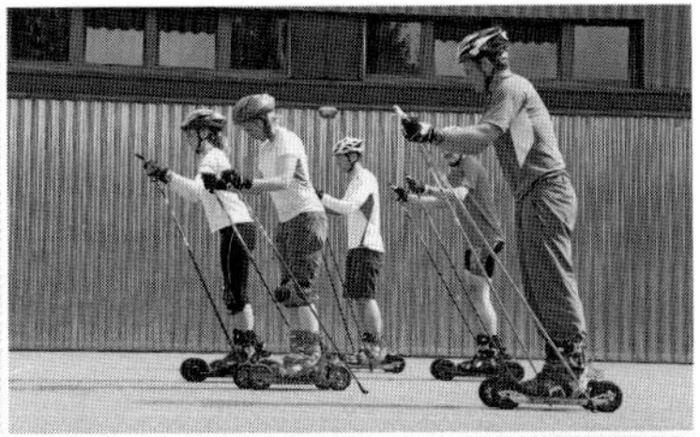
42	**Armeinsatz** Kraftübertragung Koordination 26	Skate und variiere die Armhaltung als „Gegensatzerfahrung“: • mit immer ganz gestreckten Armen • mit immer eng gebeugten Armen • mal mit gestreckten, dann mit gebeugten Armen **Tipp:** Beim Stockeinsatz mit leicht gebeugten Armen, Druck aufbauen und übertragen auf gestreckte Arme bis zum lockeren Wegschub mit offenen Handgelenken und wieder entspannt nach vorne schwingen.	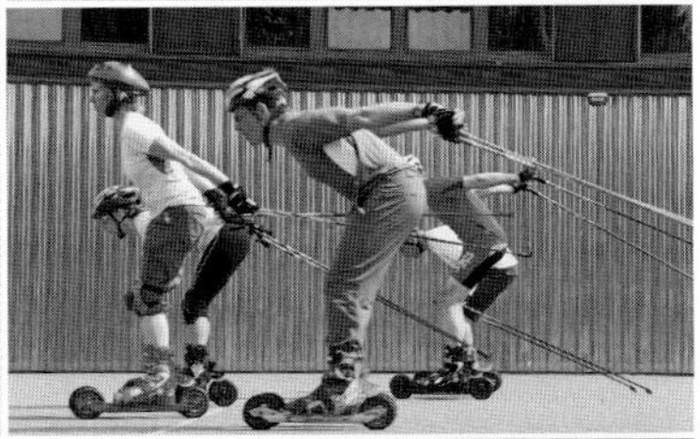
43	**Gewichtsverlagerung** Koordination Gleichgewicht Dynamik 27	Skate und achte auf deine Gewichtsverlagerung durch • bewusst frühes Gewichtsverlagern auf den Gleitfuß (= 1:2/asymm.) • bewusst spätes Gewichtsverlagern auf den Gleitfuß (= 1:2, symm.) • nach dem Abstoß 1 x auf dem Gleitbein leicht hochspringen **Tipp:** Beim 1:2/symmetrisch nach, beim 1:2/asymmetrisch mit dem Stockeinsatz das Gewicht auf den Gleitfuß verlagern.	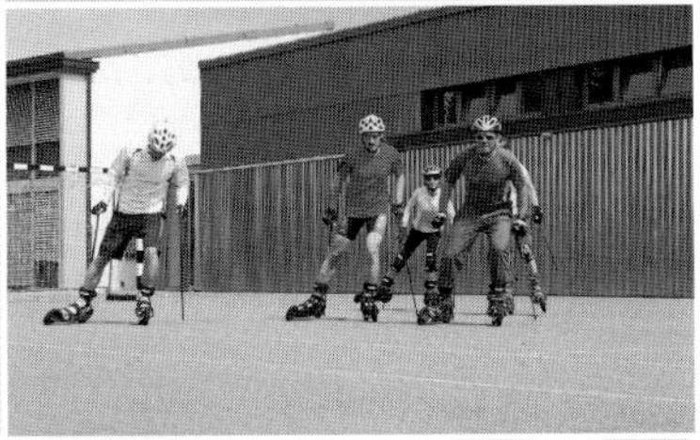
44	**Stehaufmännchen** Körpergefühl	Skate und achte auf deine Körperhaltung: • skate in der Hocke • skate immer in aufrechter Haltung • mal hoch, mal tief, dann bequem **Tipp:** Mit dem Einsatz der Stöcke leicht aufrichten, mit dem Stockstoß etwas tiefer gehen und am Ende der Druckphase der Arme wieder etwas aufrichten.	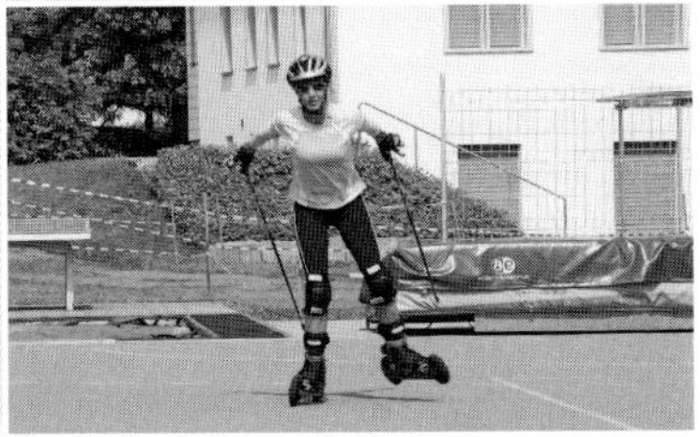

Nr.	Name der Spielform Ziele/Akzente	Idee/Beschreibung	Hinweise/Organisation
45	**1:1-Grobform** Rhythmusgefühl Gewichtsverlagerung	Führe bei leicht steigendem Gelände kurze Schlittschuhschritte aus und schwinge gleichzeitig beide Arme pro Beinabstoß 1 x rückwärts und dann 1 x vorwärts. • Fasse die Stöcke in der Mitte und schwinge sie wie oben rw. und vw. • Beginne mit kurzen Schlittschuhschritten und unterstütze danach jeden Beinabstoß mit einem leichten Stockstoß • Verlängere den Abstoß und dadurch auch den Stockstoß • Setze ab und zu die Stockstöße wieder aus und skate ohne	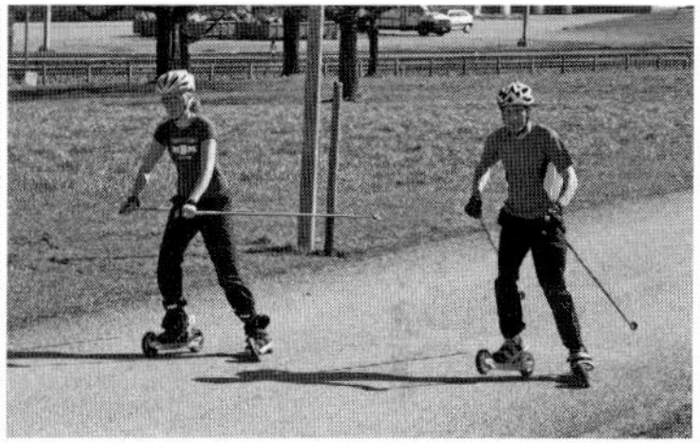
46	**Vom Doppelstockstoß zum 1:1** Rhythmusgefühl Gewichtsverlagerung	Versuche nach einigen Doppelstockstößen in den 1:1-Rhythmus zu wechseln und umgekehrt. • 4 x Doppelstockstoß und danach 4 Schritte in der 1:1-Technik. Fortgesetzt. • Auf Zuruf des Leiters oder des Lernpartners die jeweilige Technik ausführen. • Hintereinander; der Vorderste bestimmt die Technik und die Hinteren kopieren	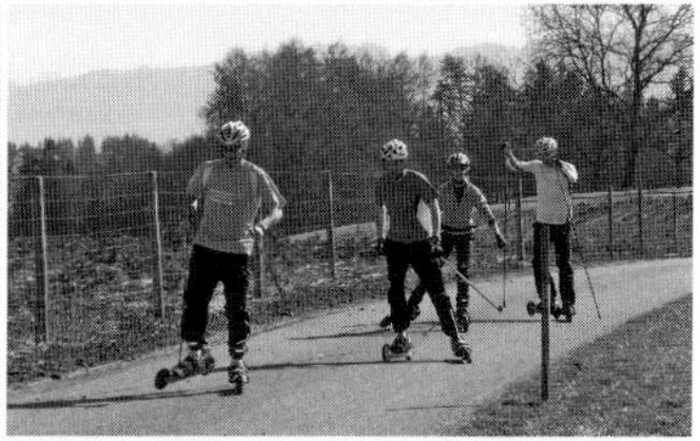
47	**Doppelstock-Festival** Timing Stockeinsatz	Vom (Langlauf-)Doppelstockstoß zum Siitonenschritt zum 1:1 und wieder zurück. • A und B hintereinander. A variiert beliebig und B versucht, den Laufrhythmus von A möglichst schnell zu kopieren. Wechsel. • Variiere vom 1:2 zum 1:1 zum Dopplestockstoß usw.	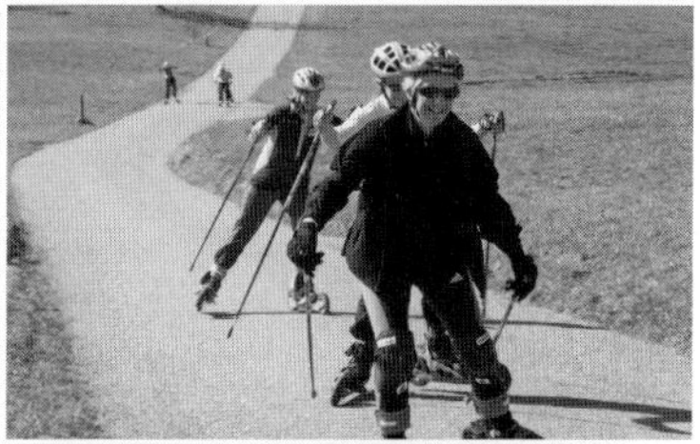
48	**1:1-Endform-Schaulaufen** Saubere Technik Gutes Beobachten 28	2er-Teams. A fährt die 1:1-Technik vor. B beobachtet gemäß den vom Leiter vorgegebenen oder durch sie selbst bestimmten Beobachtungskriterien. Kurze Besprechung. Rollenwechsel. • Welches 2er-Team skatet am schönsten? Bewertung durch die Lehrperson oder durch ein anderes 2er-Team. • Hintereinander. Der Vorderste bestimmt den Rhythmus, schert nach einer bestimmten Zeit aus, lässt sich überholen und hängt wieder an.	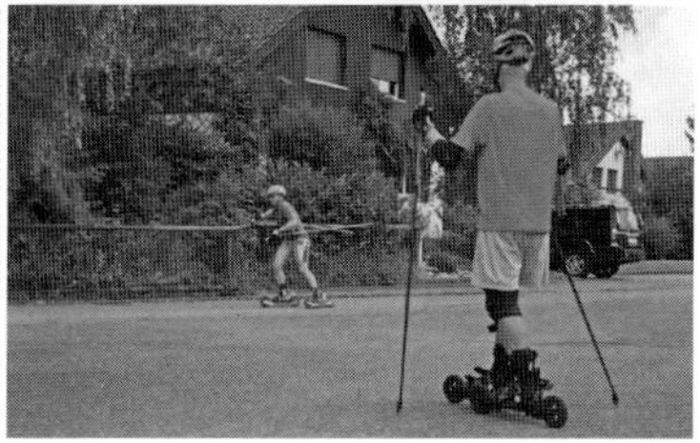

Nr.	Name der Spielform Ziele/Akzente	Idee/Beschreibung	Hinweise/Organisation
49	**Bogentreten** Rhythmusgefühl Gewichtsverlagerung	Mit Skatingschritten geradeaus bis zu einer Kurve fahren. Dann durch mehrmaligen Beinabstoß des äußeren Fußes und Verlagerung des Gewichtes auf den bogeninneren *SKIKE* eine Kurve fahren. Kurven- bzw. Seitenwechsel. • Vorerst langsam, dann immer schneller • A fährt vor und B versucht, immer dieselben Kurven wie A zu fahren. Wechsel.	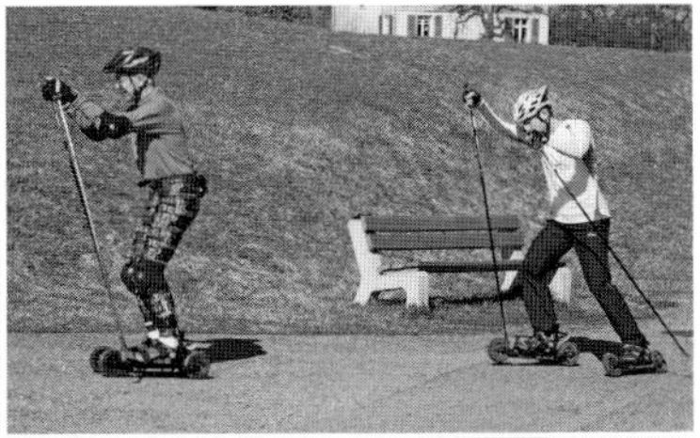
50	**Kurven drehen** Gewichtsverlagerung 29	In der Hocke bei leichtem Gefälle losfahren, dann mit Druck auf den bogenäußererern *SKIKE* und gleichzeitig durch Körperrotation die gewünschte Drehung auslösen, ohne die *SKIKES* vom Boden abzuheben. Gegengleich. • Hintereinander in den gleichen Richtungen einzelne Bogen fahren • Um Hindernisse Slalom fahren • Vom Kurven fahren fließend zum Skaten übergehen.	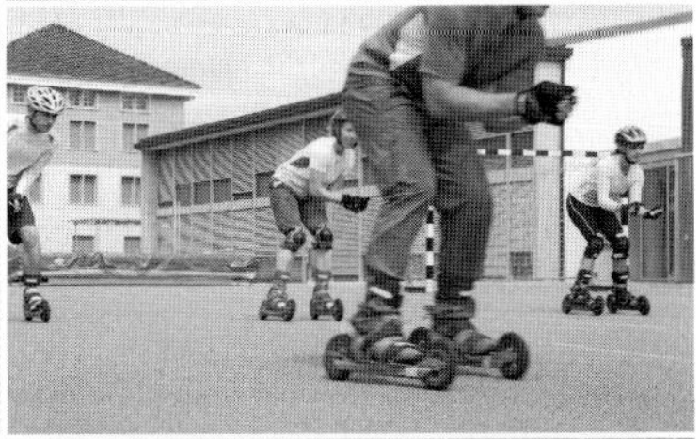
51	**Bogenparcours** Reaktion Sicherheit 30	Auf einem Parcours sind verschiedene Hindernisse aufgestellt, die es zu umfahren gilt. • Je 2 Teilnehmende erhalten einige Gegenstände, bauen ihren eigenen Hindernisparcours und testen ihn aus. Dann werden die einzelnen Kurvenparcours gegenseitig präsentiert und von allen gefahren. • 8er-Karussell nur mit Bogentreten. Vorsicht in der Mitte beim Kreuzen!	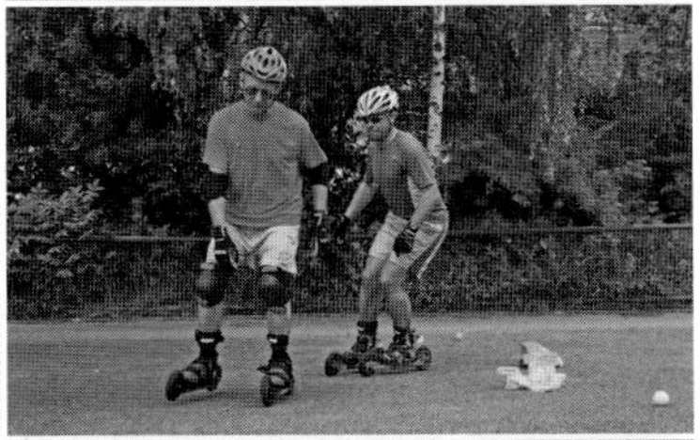
52	**Hochsprünge** Hindernisse überspringen	Es liegen verschiedene Hindernisse auf dem Boden: Leinen, Bänder, Handschuhe usw. Es gilt, diese Hindernisse zu überspringen. • Eine Leine wird über den ganzen Platz auf den Boden gelegt. Alle Teilnehmenden nehmen aus der gleichen Richtung Anlauf und springen darüber. • Eine Leine wird schräg gespannt von tief nach höher. Wo wagst du einen Sprung?	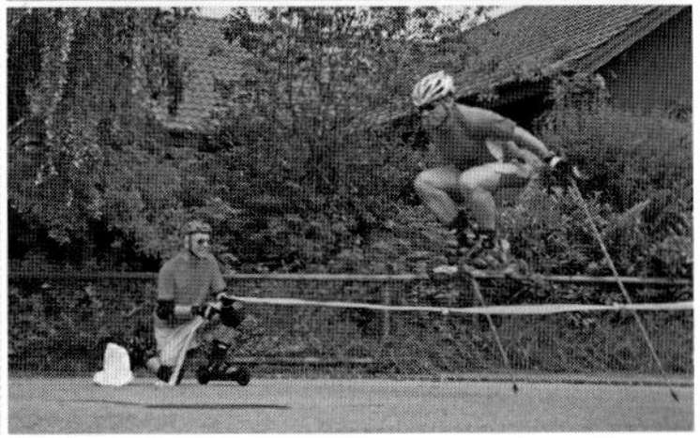

Nr. Name der Spielform Ziele/Akzente	Idee/Beschreibung	Hinweise/Organisation
53 **Vollbremse** Sicherheit Vertrauen Reaktion 31	Auf einer Straße werden Begrenzungslinien gezeichnet oder bestehende Linien dienen als „Bremslinie". Start von Linie 1; Skating bis Linie 2, dann Vollbremsung. • Zuerst in mäßigem Tempo • Wer legt eine Bremsspur? • Doppelstockstoß – Bremsen – Doppelstockstoß – Bremsen usw. • A und B rollen nebeneinander auf einer Abfahrt. A ruft: „Bremsen!" und B versucht, ebenfalls sofort zu bremsen.	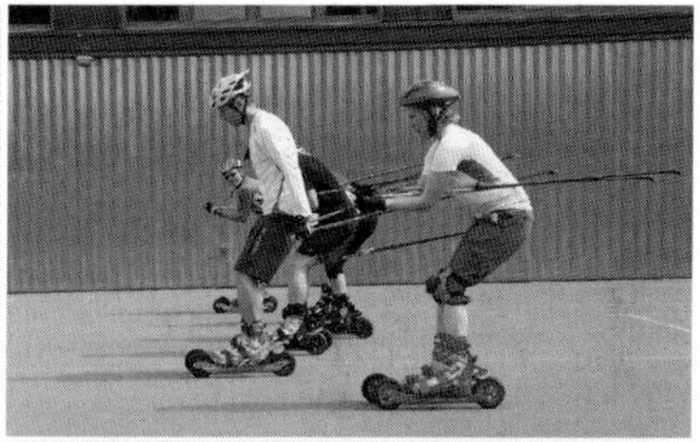
54 **Über Stock und Stein** Sicherheit Risiko einschätzen 32	Es gilt, verschiedene Herausforderungen des Geländes bzw. Anweisungen des Leiters oder der Umgebung zu meistern, dies immer unter Berücksichtigung des Risikos. Evtl. mit Hilfestellung oder Sicherung durch Partner. • Über Treppen oder steile Abfahrten im Gras hinunterfahren • Anstiege und Abfahrten auf holperigen Naturstraßen • Anfahrt Richtung Leiter. Dieser „befiehlt": rechts, tief, Sprung usw. • Aufstieg an steile Böschung (vgl. Video 32).	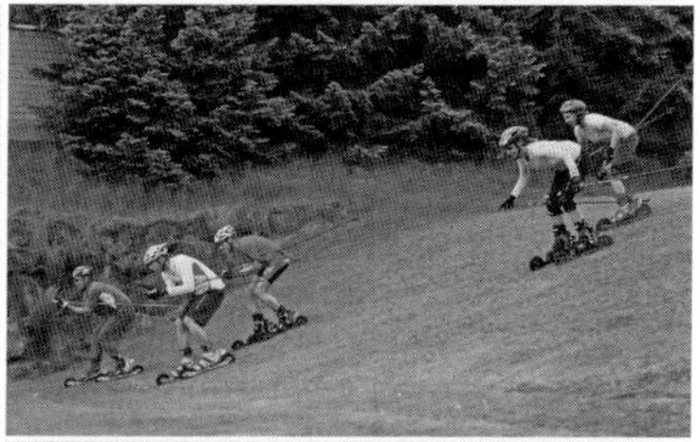
55 **Diagonal-Schlittschuhschritt** Technik für steile Anstiege 33	Für steile Anstiege oder bei großer Müdigkeit eignet sich der diagonale 1-Takt-Schritt: Pro Beinabstoß erfolgt diagonal gegenüber ein Stockstoß (rechter Arm – linkes Bein und gegengleich). • In verschiedenartigem Gelände (u. a. auch Rasen) ausprobieren. • Übergänge vom 1-Takt zum 1:2-Rhythmus ausführen. • B zieht einen Gummischlauch oder ein Seil um die Hüfte von A und lässt sich von A, der im Diagonal-SSS fährt, ziehen.	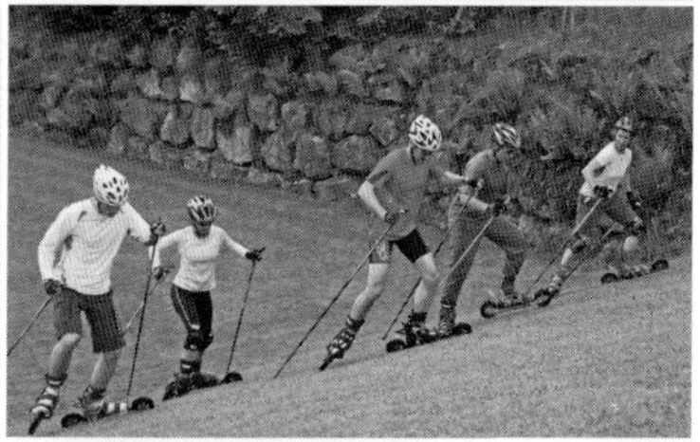
56 **Gesprungener Skatingschritt** Gleichgewicht Koordination 34	Eine attraktive aber anspruchsvolle Spielerei auf *SKIKES* ist der doppelte bzw. „gesprungene" Schlittschuhschritt (nach dem Mitautor auch „Steger-Schritt" genannt). Führe zügige Skatingschritte in der 1:1 Technik aus und versuche, nach dem ersten Beinabstoß einen zweiten anzuhängen bzw. zu springen. Dann gegengleich. • Schaffst du 5 oder 10 „Steger-Schritte" ohne Fehler? • Welches 2er-Team schafft 10 „Stegerschritte" synchron hintereinander?	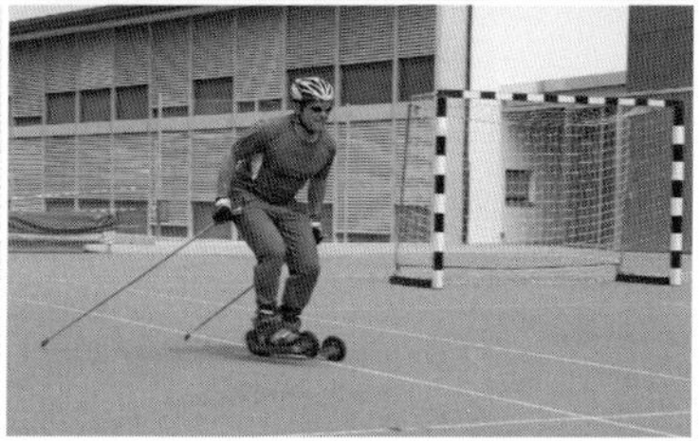

Nr.	Name der Spielform Ziele/Akzente	Idee/Beschreibung	Hinweise/Organisation
57	***SKIKE*-Ball** Orientierung Rücksichtnahme Fairness	Ein Spielobjekt (Fußball, aufblasbarer Ball, Handball, Frisbee) wird innerhalb einer Gruppe gegenseitig zugespielt. • Als Schnappball in zwei Teams. Welches Team kann sich das Spielobjekt am meisten in Folge ohne Fehler zuspielen und fangen, bevor das andere Team das Spielobjekt gefangen hat? Nach einem Fehler oder nach dem Fangen der Gegenpartei beginnt das Spiel erneut.	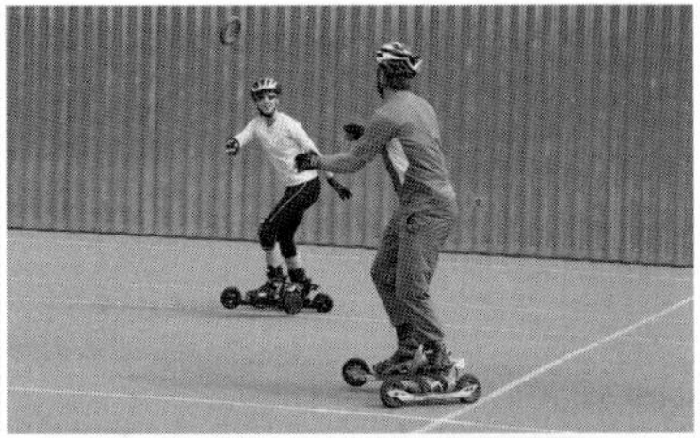
58	**Concours hippique** Wettkampf Leistung	Die Teilnehmenden stellen einen Hindernisparcours auf. Danach wird der Parcours von allen erprobt, ausgebaut, verändert ... bis der Parcours für alle „wettkampfkonform" ist. • Als reiner Trainingsparcours. • Als Einzelrennen mit Zeitmessung. • Als Verfolgungsrennen (Start des Nächsten nach z. B. 5 Sekunden oder nachdem der Vordere das Hindernis XY übersprungen hat).	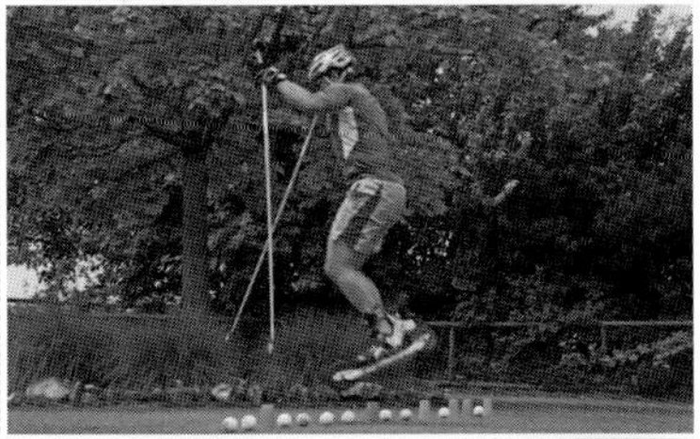
59	**Polonaise** Kooperation Spaß in der Gruppe	Es werden verschiedene Fahr-Formationen erprobt und bis zur „Vorführreife" geübt. • Einerkolonne, dann am Ende des Platzes auflösen (A nach links zurück, B nach rechts, C nach links) usw. • Achterbahn: Beim Kreuzen in der Mitte immer eines von rechts, dann eines von links. Zuerst langsam, dann immer schneller. Vorsicht!	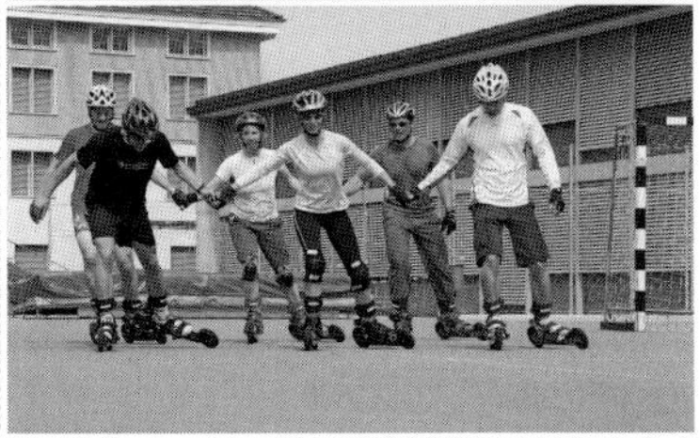
60	**Sprungfestival** Mut Gruppenerlebnis	Innerhalb eines begrenzten Anlaufes gilt es, ab einer Absprungmarke ein Hindernis (Gummiseil o. Ä.) zu überspringen. Das Hindernis wird von zwei Teilnehmenden immer höher gehalten. • Als Teamwettbewerb: Höhe 1 (Skikeräder-Höhe) = 1 P; Höhe 2 (Fußknöchel-Höhe) = 2 P; Höhe 3 (ca. *SKIKE*-Höhe) = 3 P. Welches Team schafft innerhalb einer begrenzten Zeit die meisten Punkte?	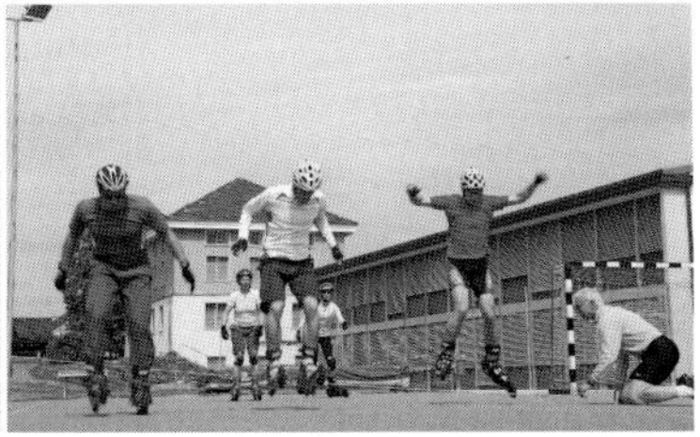

Nr.	Name der Spielform Ziele/Akzente	Idee/Beschreibung	Hinweise/Organisation
61	**Seitenwagen** Tempogefühl Partnerbezug	A und B fahren nebeneinander. A darf das Tempo und/oder den Rhythmus bestimmen; B passt sich an. Wechsel der Aufgaben. • Während des Laufens wird immer miteinander gesprochen • Einer der beiden darf ohne Rücksprache das Tempo erhöhen oder drosseln • Nur A hat Stöcke; nach einer gewissen Zeit übergibt A die Stöcke an B und beide laufen so weiter usw.	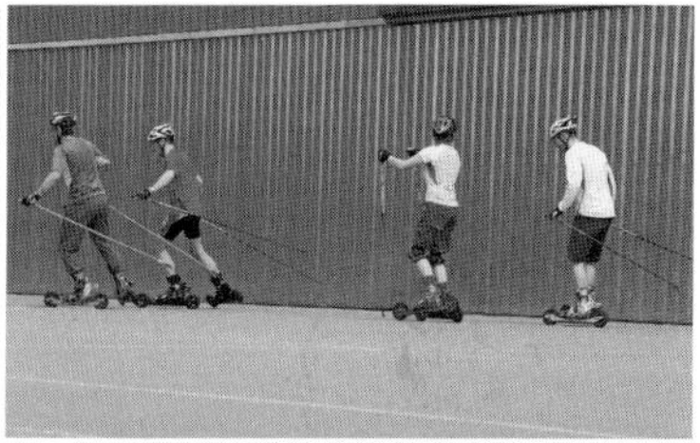
62	**Richtiges Timing** Tempo- und Belastungsgefühl	Wer fährt eine Runde in möglichst genau ... Sekunden oder ... Minuten? • Zu zweit, zu dritt, im „Rudel". • Zeitschätzlauf: Alle sagen ihre geschätzte Trainings- oder Rundenzeit voraus. Diese wird schriftlich festgehalten. Alle fahren los. Ein Zeitnehmer stoppt beim Zieleinlauf die Zeit. Wer hat die geringste Differenz zwischen der geschätzten und der effektiv gelaufenen Zeit?	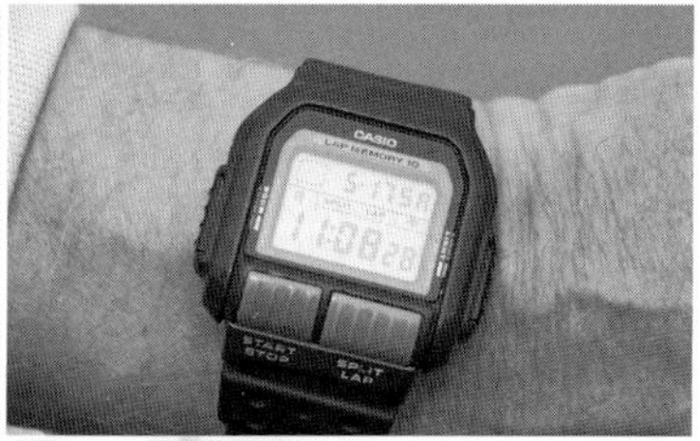
63	**Speedmaker** Tempo- und Belastungsgefühl	A führt eine Gruppe an und versucht, das Tempo immer gleichmäßig zu halten. Wechsel nach einer Runde oder nach einer bestimmten Zeit. • Der Speedmaker darf das Tempo beliebig variieren • Der Speedmaker fährt mit dem Bike oder läuft (guter Läufer!) • Handicaplauf: A (langsame Läuferin) darf bestimmen, welchen Vorsprung er/sie gegenüber B (schnellere Läuferin) wünscht. Beide starten gleichzeitig. Wer ist zuerst im Ziel?	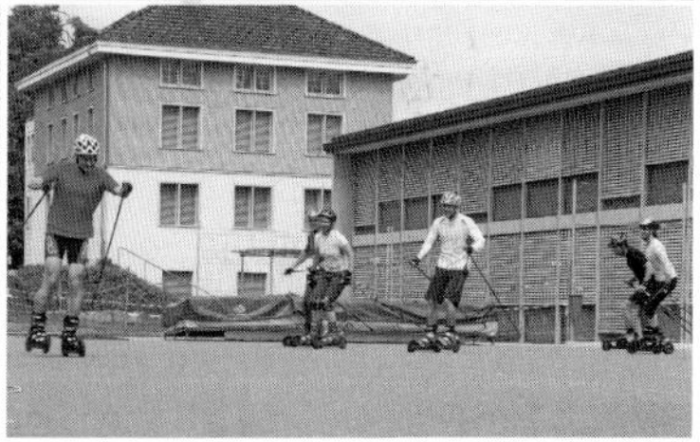
64	**Sechstagerennen** Tempo- und Belastungsgefühl Gruppentraining	Ein 5er Team fährt hintereinander. Nach einer bestimmten (oder vom Vorläufer selbst bestimmten) Zeit schert der Vorderste nach rechts oder links aus, lässt sich von den andern überholen und schließt hinten wieder an. • Als Teamwettkampf oder als längeres Ausdauertraining • Nach jeder 5. Runde darf eine(r) aussteigen, etwas trinken und nach der Pausenrunde wieder einsteigen. • 60 Minuten als „die lange *SKIKE*-Stunde"	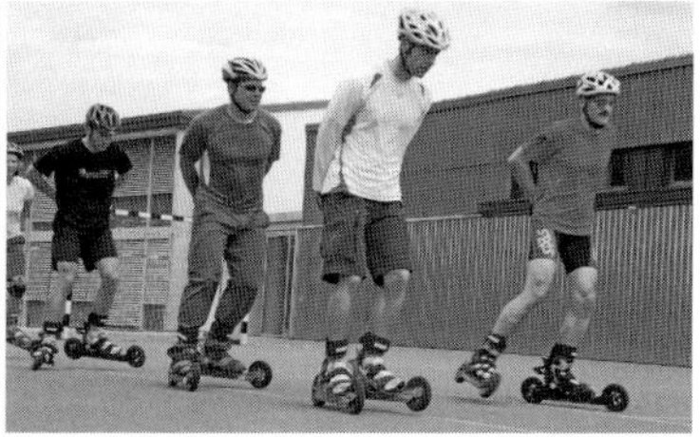

Nr.	Name der Spielform Ziele/Akzente	Idee/Beschreibung	Hinweise/Organisation
65	**Hin und zurück** Tempogefühl Leistungssteigerung	Bestimme (d)eine Trainingszeit für das bevorstehende Training, z. B. eine halbe Stunde. Halbiere diese Zeit. Fahre während 15 Minuten die Strecke in einer Richtung ab, so weit du kommst. Nach 15 Minuten wendest du und fährst im gefühlsmäßig gleichen Tempo wieder zurück. Im Idealfall kommst Du bei genau 15 Minuten wieder am Start an. • Beim nächsten Training versuchst Du, die Wendemarke zu verschieben bzw. die Streckenlängen zu vergrößern. Gelingt dies?	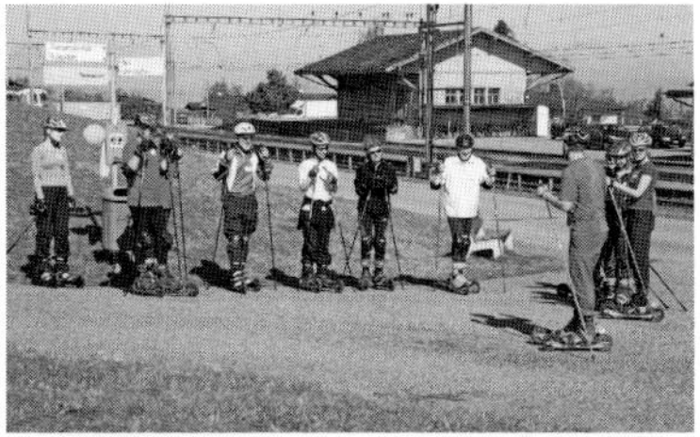
66	**In Bewegung lernen** Konzentration Ablenkung	Nimm auf die Trainingsstrecke irgendeine Denkaufgabe mit (evtl. mit Kopfhörer, Textkarte). Beispiele: Eine Rede vorbereiten bzw. sprechen, ein Projekt ausdenken, einen Text oder eine Melodie lernen, Wörter in einer Fremdsprache lernen, Beobachtungen und Geschehnisse des Trainings in eine Fremdsprache übersetzen ... Du wirst erleben, dass es mit zunehmender Trainingszeit schwieriger wird, sich zu konzentrieren. Aber der Lerneffekt ist garantiert!	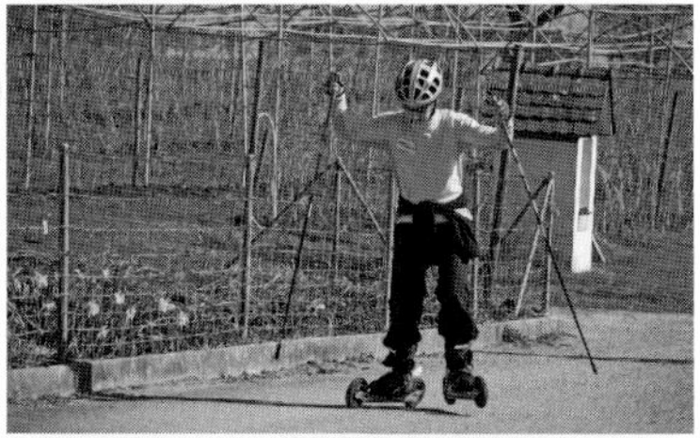
67	**Wendezeit** Tempogefühl Fairness	A (gute *SKIKERIN*) und B (Anfänger) starten gemeinsam in dieselbe Richtung. Nach einer vorher gemeinsam vereinbarten Zeit (z. B. nach 10 Minuten) wenden beide an der Stelle, wo sie nach genau 10 Minuten angekommen sind und fahren wieder zum Ausgangspunkt zurück. Welchem 2er-Trainings-Team gelingt es, genau zur gleichen Zeit gemeinsam wieder am Startort anzukommen?	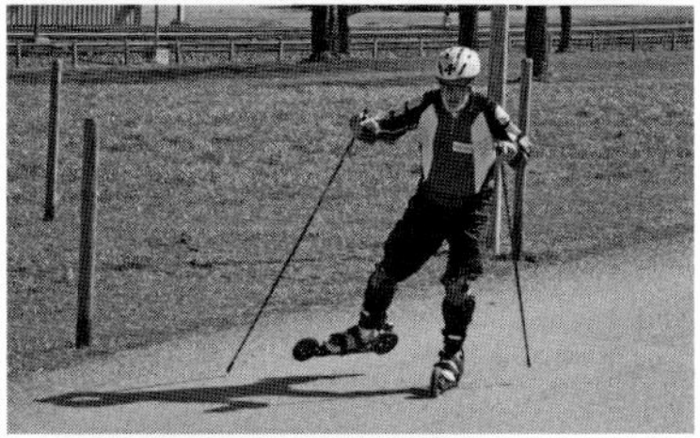
68	**Begegnungslauf** Tempogefühl Spannung	A und B starten auf ihrer Haus- bzw. Rundstrecke in entgegengesetzter Richtung. Dort, wo sie sich treffen, wenden beide und fahren wieder zum Start zurück. Welches 2er-Team trifft genau zur gleichen Zeit wieder beim Start ein? Wichtig: Die Leistungsunterschiede spielen keine Rolle; je unterschiedlicher, desto spannender wird das „Wettrennen“!	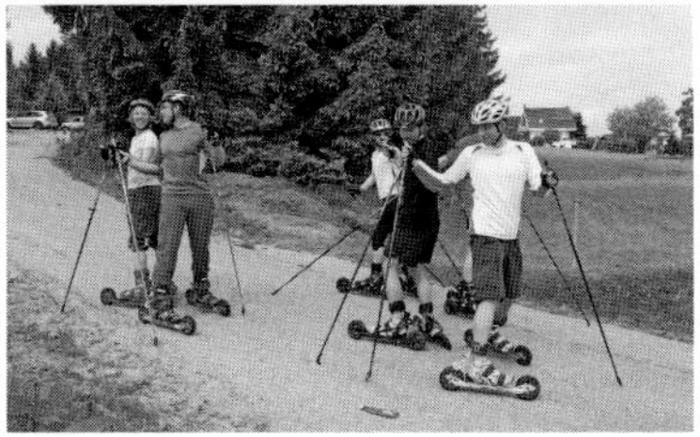

Nr.	Name der Spielform Ziele/Akzente	Idee/Beschreibung	Hinweise/Organisation
69	**Fernwettlauf** Fairness Trainingsfleiß	Eine Gruppe vereinbart, gemeinsam während einer bestimmten Zeit möglichst viele Kilometer zu *SKIKEN*. Dann werden 3er-Teams gebildet (dem Können nach oder ausgelost). Alle trainieren individuell und tragen ihre gefahrenen Kilometer persönlich nach. Welches Team schafft in einem Monat am meisten Kilometer? • Wir *SKIKEN* gemeinsam nach XY. Wie lange brauchen wir, wenn alle ihre gefahrenen Kilometer laufend nachtragen (z. B. Liste im Internet).	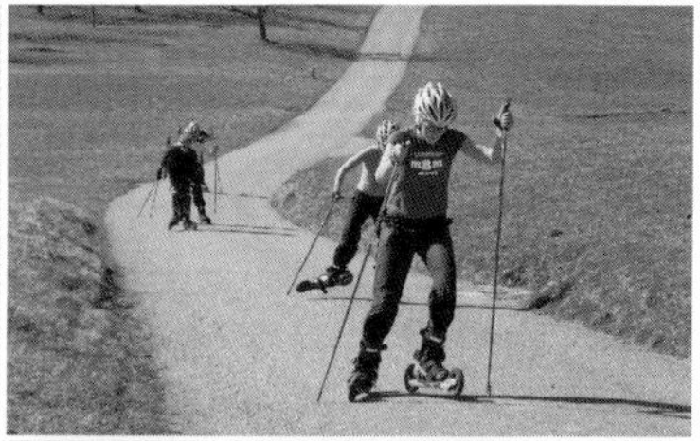
70	***SKIKEN* gegen Biken oder Joggen** Fairness Tempogefühl	Ein Biker und ein *SKIKER* „eichen" ihre Rundenzeit. Der *SKIKER* hat z. B. 16 Minuten; der Biker 8. Danach vereinbaren sie ihre Wettspielregeln. Beispiel: Unser Training dauert 32 Minuten. Der *SKIKER* sollte in dieser Zeit 2, der Biker 4 Runden zurücklegen. Wer gewinnt? • Gleiche Spielidee: *SKIKER* gegen Jogger • *SKIKER* gegen Inline-Skater	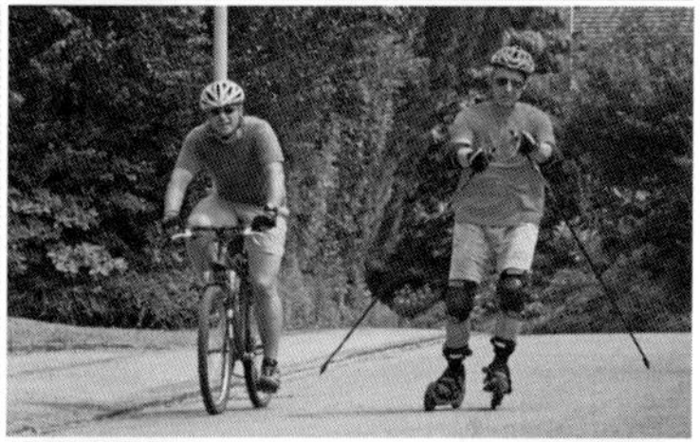
71	**Tandem** Fairness Tempogefühl Rücksichtnahme	A (mit *SKIKES*) und B (mit Bike oder mit Joggingschuhen). Beide starten miteinander und bleiben zusammen (der/die Langsamere bestimmt das Tempo). Nach einer vorher bestimmten oder spontan gewählten Zeit wechseln die beiden: A wird Jogger; B *SKIKER*. So fahren bzw. joggen beide weiter bis zum Ziel. • Als Trainings- oder Wettspielform • In verschiedenen Leistungsgruppen	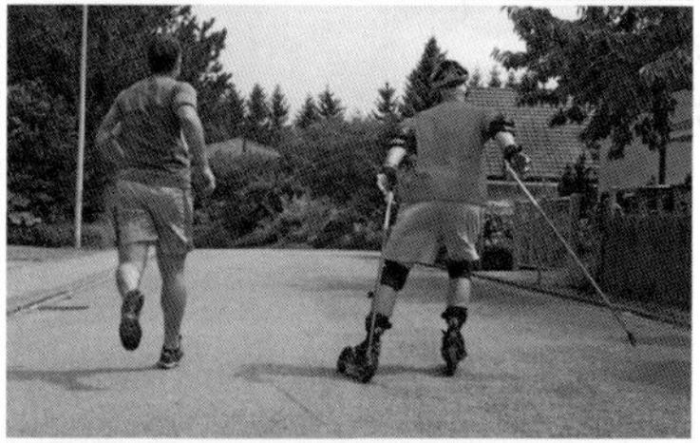
72	**Staffellauf** Fairness Schnelligkeitsausdauer	Eine Trainings- oder Wettkampf-Strecke wird auf verschiedene *SKIKER* aufgeteilt. A startet und übergibt B, B läuft weiter und übergibt C usw. Alle laufen ihre Teilstrecke und warten, bis die nächste Ablösung erfolgt. Welches Team schafft in einer bestimmten Zeit die längste Strecke bzw. welches Team hat zuerst die ganze Strecke zurückgelegt. • (Andere) Wettspielregeln gemeinsam vereinbaren.	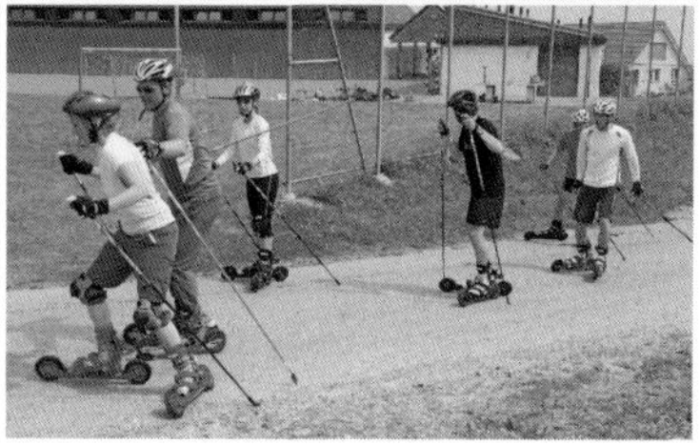

Nr.	Name der Spielform Ziele/Akzente	Idee/Beschreibung	Hinweise/Organisation
73	**Pannendienst** Kraftausdauer Beine Plausch	A (mit Inlineskates) hält die Stockenden oder das Seil von B (auf *SKIKES* oder auf dem Rollbrett) und zieht B; danach Wechsel. • Zwei Inlineskater ziehen einen skiker • Ein *SKIKER* zieht B (auf einem Rollbrett stehend) • A mit Inlineskates stößt B und C auf *SKIKES* • Eigenen Stoß- und Abschleppformen kreieren	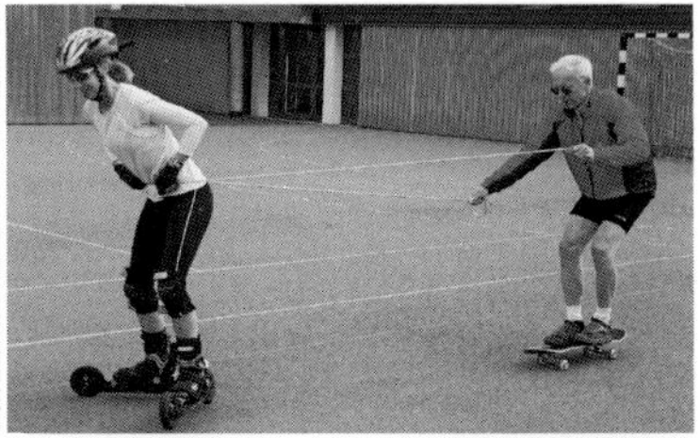
74	**Seiltanz** Kraftausdauer Beine Gleichgewicht	A (auf *SKIKES*) zieht oder schiebt B (auf Inlineskates). B versucht möglichst immer nur auf einem Bein zu fahren. Nach einigen Versuchen Aufgaben von A und B wechseln. • B versucht, Einbein-Kunststücke auszuführen. • B versucht, auf einem Bein kleine Sprünge auszuführen • B versucht, von einem Bein auf das andere zu springen • B versucht ...	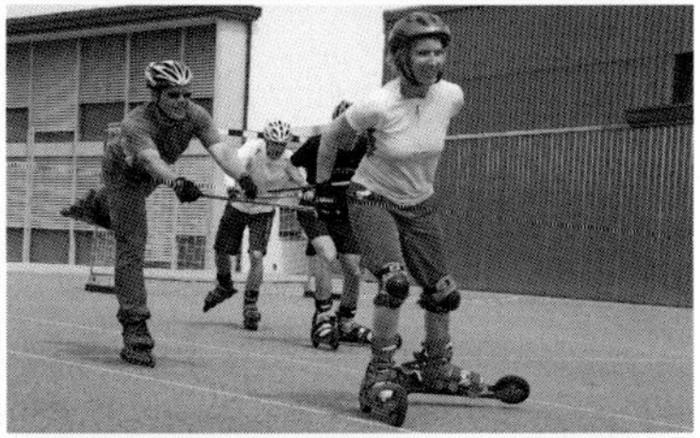
75	**Anhänger** Kraftausdauer Beine Plausch	A (mit *SKIKES*) hält die Stock- oder Seilenden von B (auf dem Rollbrett stehend, knieend oder sitzend) und zieht B; danach Wechsel. • B dirigiert: Schneller! Langsamer! Links! Rechts! usw. • B fährt Tretroller neben A, der auf den *SKIKES* fährt. • Beide (Tretroller und skiker) fahren synchron nebeneinander. • Beide ... (eigene Ideen der Teilnehmenden)	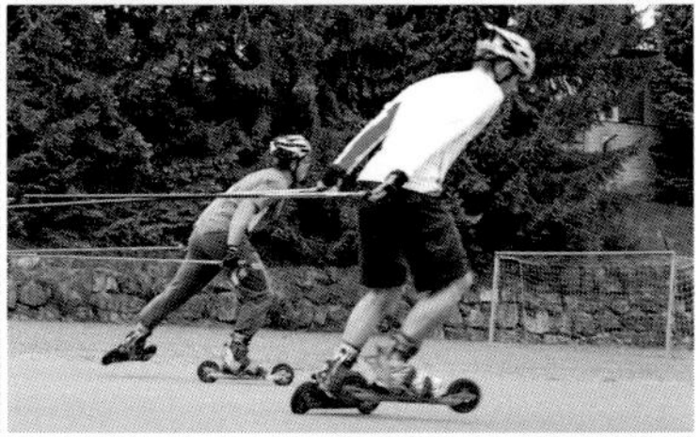
76	**Zirkusakrobatik** Gleichgewicht Risiko einschätzen Sicherheit	A (mit *SKIKES*) stößt oder zieht B (mit Rollbrett). B führt Kunststücke aus wie Einbeinstand, Kniestand, sich stehend rückwärts ziehen lassen usw. Wechsel. • Zwei (*SKIKE*) Zugpferde ziehen den Rollbrettartisten • B steht nur auf einem Bein auf dem Rollbrett. • B steht seitwärts auf dem Rollbrett.	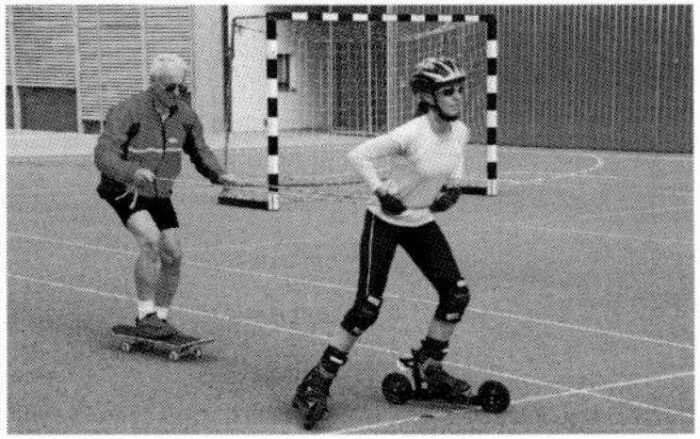

Nr.	Name der Spielform Ziele/Akzente	Idee/Beschreibung	Hinweise/Organisation
77	**Abschleppservice** Kraftausdauer Beine Geschicklichkeit	A (auf *SKIKES*) lässt sich von B (mit Bike und Abschleppseil) ziehen. Wechsel. • Zuerst bestimmt B die Routenwahl; danach A • B auf *SKIKE* und stützt sich seitlich an den Schultern von A • A auf *SKIKE* in „Bremsstellung" hält sich an den Hüften von B; B schleppt ab.	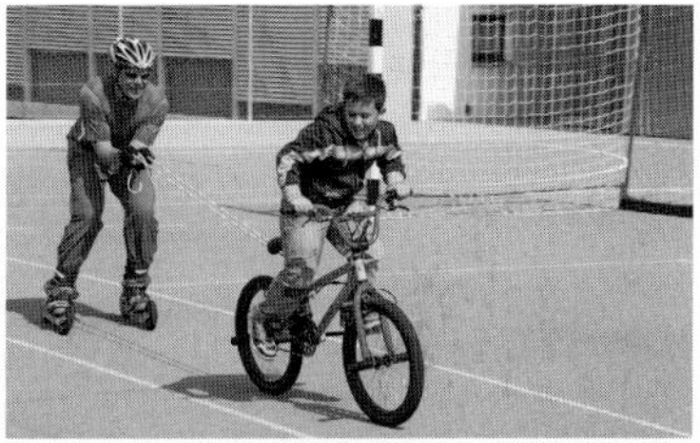
78	**Schubkarren** Kraftausdauer Beine Koordination	A (auf *SKIKES*) schiebt B (mit Bike). Wechsel. • A bestimmt Routenwahl: Rechts; links! Stopp! usw. • Auf einer Abfahrt: A auf Bike als Bremshilfe; B hinten stützt sich an den Hüften oder am Gepäcktrager von A. Bremsen bis zum Stillstand • Gleiche Aufgabe, aber der skiker hinten bremst! • A auf *SKIKE* schiebt B auf Bike los und lässt ihn wegrollen • A auf *SKIKE* schiebt B auf Bike, rollt und bremst langsam wieder	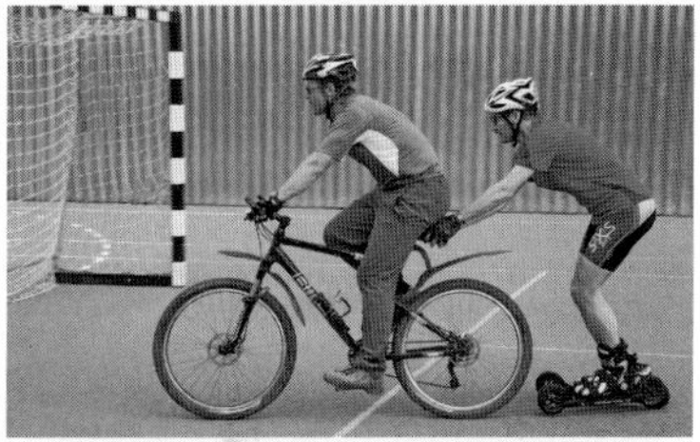
79	**Bike-Akrobatik** Vertrauen Risiko einschätzen	A (auf *SKIKES*) schiebt B (mit Bike). B auf dem Bike führt verschiedene Akrobatikformen aus. • B steht mit den Füßen auf den Sattel; A sichert das Gleichgewicht • A (auf *SKIKES*) lässt sich von B (mit dem Bike) langsam rückwärts schieben. • B auf *SKIKE* schiebt bzw. sichert B auf dem Bike. B versucht während der Fahrt die Augen zu schließen.	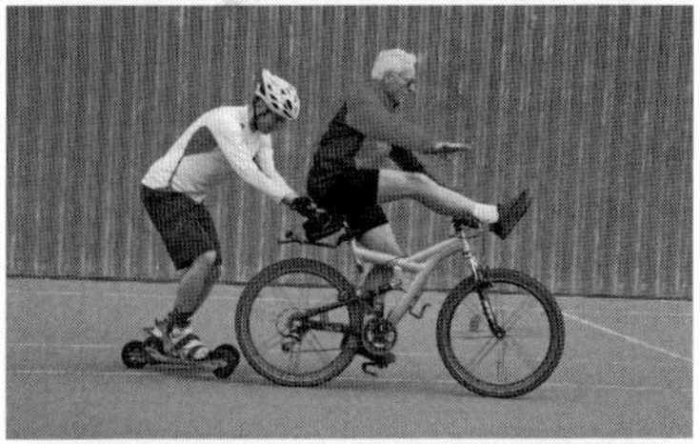
80	**Blindflug** Vertrauen Orientierung	A (auf *SKIKES*) hält sich am Sattel von B (auf Bike), schließt die Augen und lässt sich von B ziehen. Nach einer gewissen Zeit bzw. Irrfahrt hält B an. Kann A wahrsagen, wo er sich jetzt befindet, ohne vorher die Augen zu öffnen? Rollenwechsel. • Kurvenspiel: A lässt sich von B ziehen und versucht, die Kurven mitzufahren. Wichtig für den Biker: Nicht zu enge Kurven fahren! Evtl. mit „Abschleppseil" (Seil oder Stock).	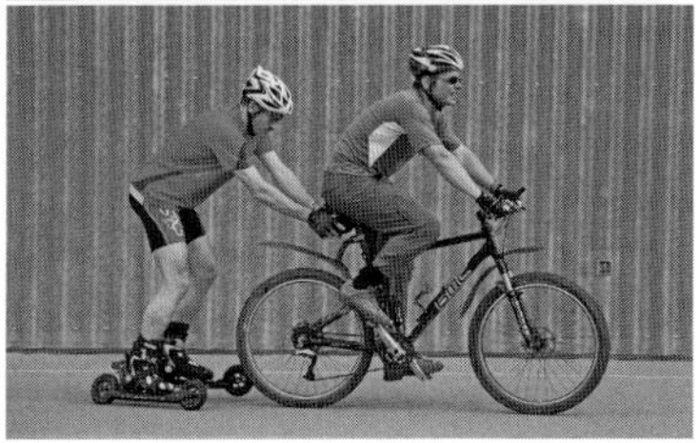

Eine detaillierte Vorbereitung trägt entscheidend zum guten Gelingen eines Anlasses bei. Es lohnt sich, dafür genügend Zeit zu investieren. Die vorliegende Mindmap gibt einen Überblick zum Planen, Durchführen und Auswerten eines *SKIKE*-Tages. Auf den folgenden Seiten sind zu einzelnen Stichworten ergänzende Informationen beschrieben. Merke: Eine gute Planung ist nicht alles, aber alles ist nichts ohne eine gute Planung!

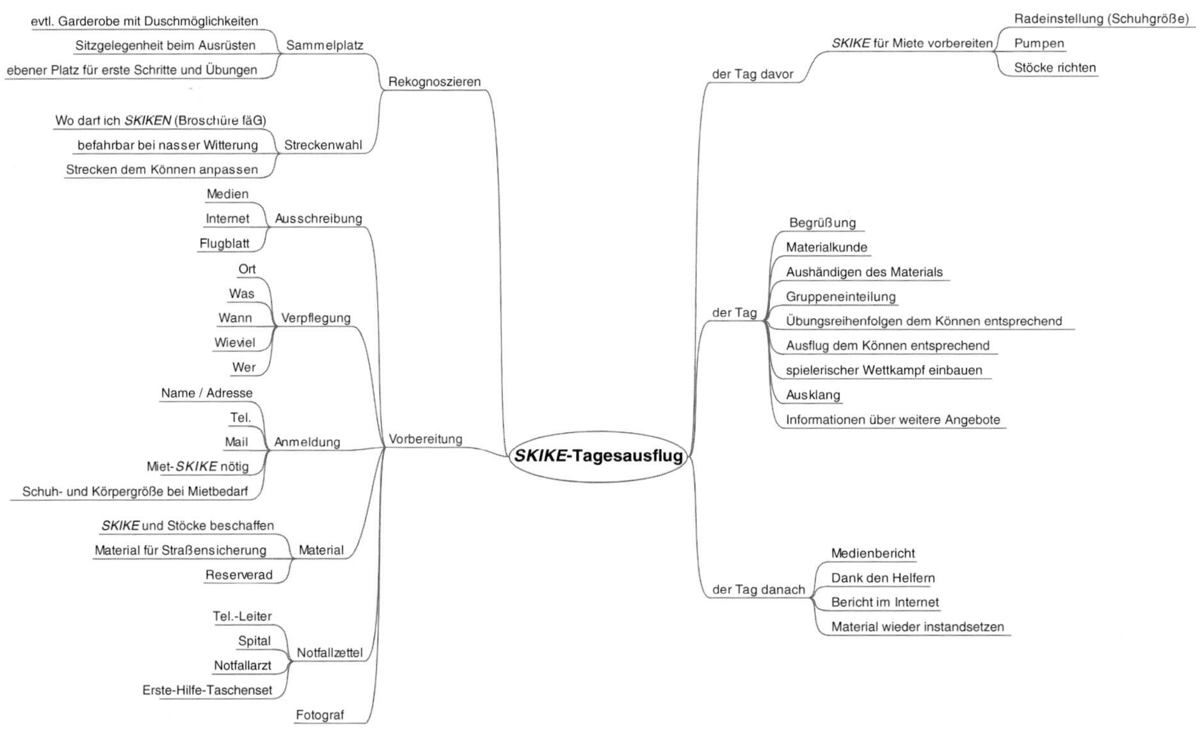

Auf einen Blick: Einen *SKIKE*-Tag planen, durchführen und auswerten

Nr. Name der Spielform Ziele/Akzente	Idee/Beschreibung	Hinweise/Organisation
Rekognoszierung der Infrastruktur 2 Monate vor dem Anlass	Alles vor Ort selber ansehen. Mit den verantwortlichen Personen, Institutionen schriftlich festhalten. Persönliche Gespräche führen (z. B. mit dem Hauswart der Sporthalle usw.). Abklärungen treffen bezüglich • Garderobe, WC-Benützung, Duschmöglichkeiten • Sitzgelegenheit zum Anziehen der Skikes (z. B. Langbänke) • Hartplatz für Angewöhnungsübungen / erste Schritte und Spiele • Schlechtwettermöglichkeiten, z. B. überdachter Parkplatz etc.	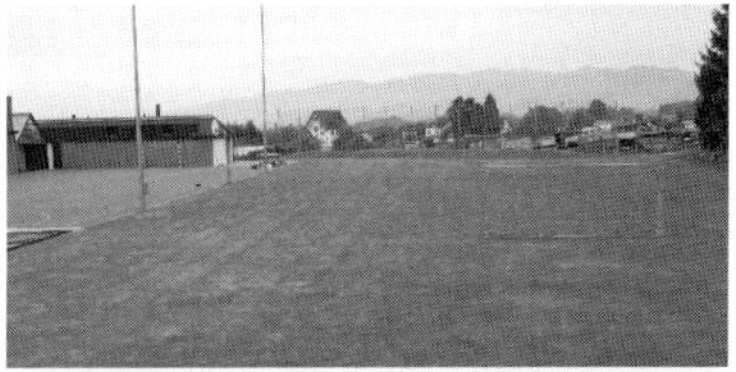
Streckenwahl 1 Monat vor dem Anlass	Die Strecke muss den Vorgaben und regionalen Verkehrs-Vorschriften entsprechen. Deshalb: • Strecke dem Können entsprechend auswählen und absichern (lassen) • Beachten der Straßeneigenschaften bei Nässe • Abschätzen der beanspruchten Zeit für schwächere Läufer	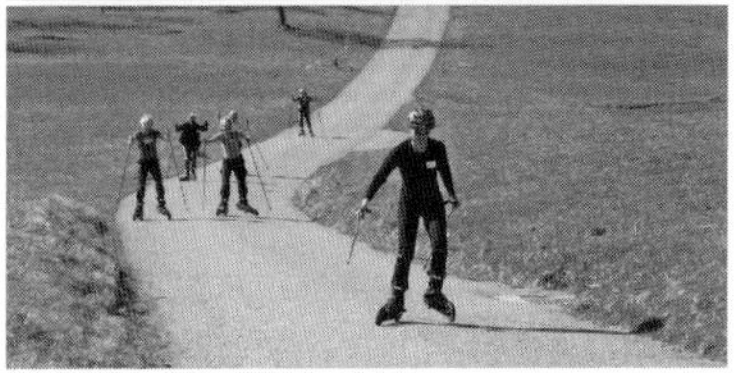
Ausschreibung 1 Monat vor dem Anlass	Was gehört zu einer ansprechenden, einladenden Ausschreibung? Kurstitel, z. B. **„Einsteiger *SKIKE*-Tageskurs mit kleiner *SKIKE*-Tour"** Ferner: Kursziel/Zielpublikum/Voraussetzung/Ausrüstung/Schutzausrüstung/Schlechtwettervariante/Kursdauer/Kosten/Kontaktperson/Anmeldeformular (Name/Adresse/Telefon/Mail/Bedarf von Mietmaterial)	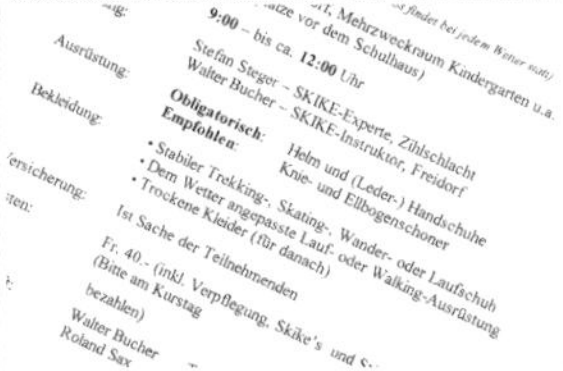
Material 1 Monat vor dem Anlass	Allfälliges Mietmaterial frühzeitig organisieren bzw. reservieren: • Mietmaterial rechtzeitig bestellen bzw. zusammentragen • Material für Straßensicherung sicherstellen • Ersatzmaterial bereitstellen (Gurten/Ersatzrad) • Infrastruktur für Verpflegung abklären (Auto, Festbankgarnitur) • Erste-Hilfe-Material kontrollieren	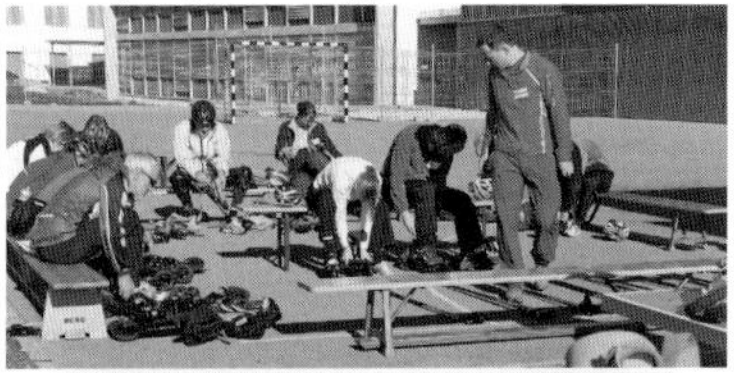
Dies und das 1 Monat vor dem Anlass	Viele kleine Dinge, die nicht vergessen werden dürfen, wie: • Verpflegung; Getränke • Vorsorge für Notfälle; wer hat Notfalldienst an diesem Tag? • Finden andere Anlässe zur gleichen Zeit am gleichen Ort statt? • Kleine Preise oder Überraschungen besorgen bzw. einkaufen • Gesuche an offizielle Stellen (Benützung Räume, Plätze, Straßen)	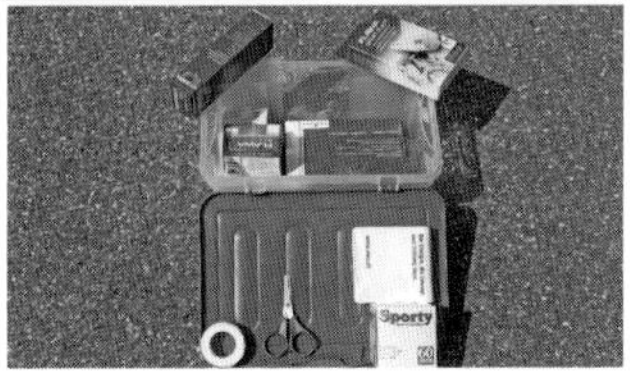

Nr. Name der Spielform Ziele/Akzente	Idee/Beschreibung	Hinweise/Organisation
Teilnehmerliste 1 Woche vor dem Anlass	Mit der Anmeldung können bereits einige Informationen eingeholt werden wie Körpergröße, Können, Namensschilder usw. • Benötigtes Material beschaffen bzw. organisieren • Namensschilder vorbereiten (groß auf Etiketten-Papier schreiben) • Preise für Wettspiele einkaufen bzw. vorbereiten • Fotoapparat; Videoapparat kontrollieren; Fotograf bestimmen	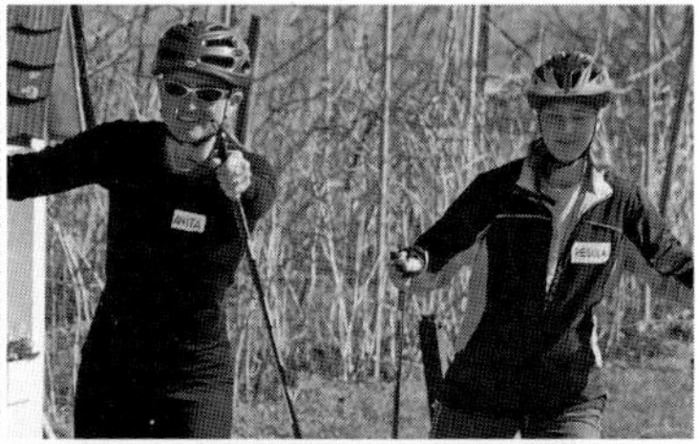
Materialkontrolle 2 Tage vor dem Anlass	Alles Material kontrollieren und zählen. Reservematerial bereitstellen. Materialdepot usw. • Pneudruck der *SKIKES* kontrollieren (evtl. einzelne aufpumpen) • „Spurtreue" jedes einzelnen *SKIKES* kontrollieren bzw. einstellen • Stöcke zählen und der Größe nach ordnen • Reservematerial bereitlegen (Ersatzrad, Riemen; Stöcke) • Standort der Notfallapotheke festlegen	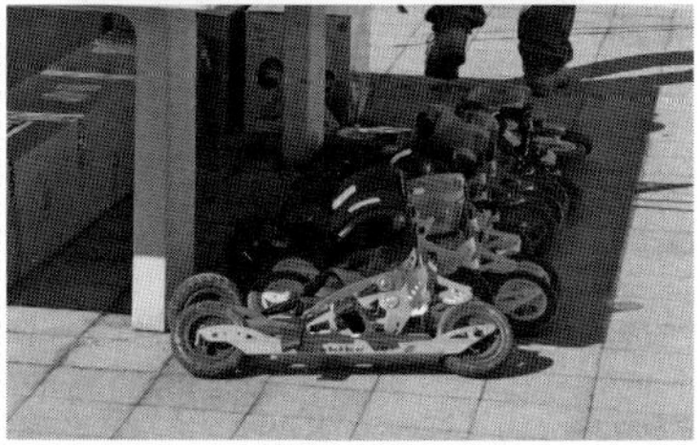
Lektionsvorbereitung Langfristig im Kopf; kurzfristig schriftlich	Skizziere die Inhalte der Lektionen nach Rücksprache mit den Mitleitenden schriftlich. • Ziel der einzelnen Übungen? • Wie beginne ich? (einige Spiel- und Übungsformen auswählen) • Material vor der Lektion bereitlegen • Ideen der Teilnehmenden miteinbeziehen	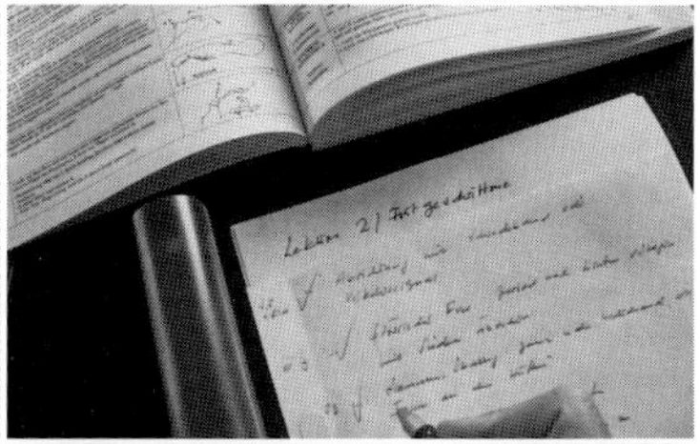
Letzter Check 1 Tag vor dem Anlass	Eine letzte Kontrolle vor dem Anlass beruhigt! • Verpflegung bereit? • Ist das Material intakt und am richtigen Ort? • Vorsorge für Notfälle; Telefonnummer im Notfall? • Kleine Preise oder Überraschungen? • Alternativprogramm bei ganz schlechtem Wetter?	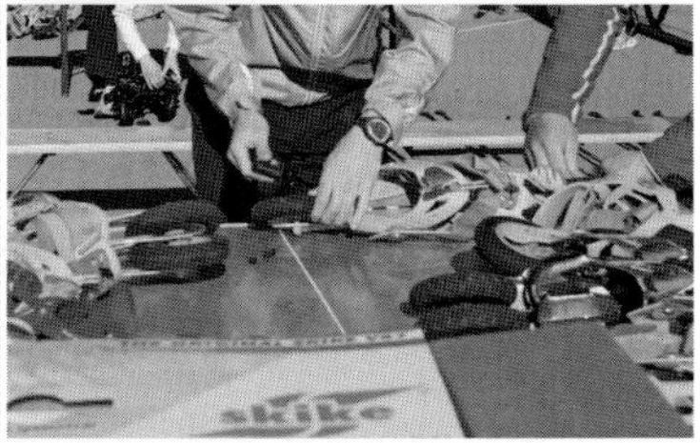

Nr. Name der Spielform Ziele/Akzente	Idee/Beschreibung	Hinweise/Organisation
Informationen Kurseröffnung	Alles, was die Teilnehmenden unbedingt wissen müssen, aber nicht mehr! Sie wollen möglichst schnell losfahren! Trotzdem: • Begrüßung; Leiterteam vorstellen; kurze Informationen zum Tag • Organisation; Gruppeneinteilung • Administration (z. B. Kursgeld einziehen usw.) • Fragen beantworten, und dann geht's los!	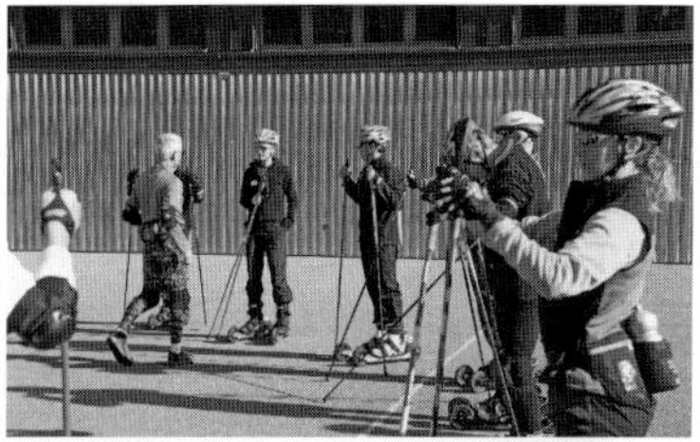
Informationen zum Material und zur Gruppeneinteilung Erster Kontakt unter den Teilnehmenden	Was ist wichtig? Kurze Tipps zu Handhabung, Einstellungen der *SKIKES* usw. Evtl. Einteilung in 2er-Gruppen (zu zweit geht's besser!) • Bezug der (Miet-)*SKIKES* und der Stöcke (Stocklängen beachten!) • Schutzmaterial bereit? Helm, Gelenkschoner, Handschuhe, Brille ... • *SKIKES* anpassen; einstellen; auf *SKIKES* stehen • Erste Schritte wagen ...	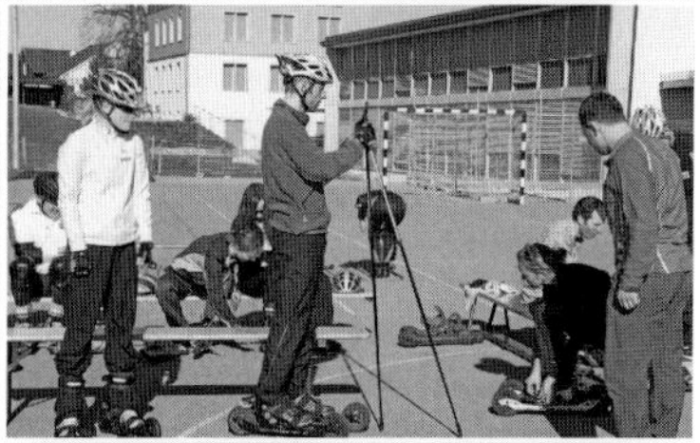
Jetzt geht's los Einstimmen, Aufwärmen und los geht's!	Beachte die didaktischen Tipps (für Anfänger S. 6 bzw. für Fortgeschrittene S. 14). • Keine langen Reden! • Mit einfachen, angepassten Formen beginnen (Aufwärmen) • Für Stimmung sorgen: animieren; vorzeigen; motivieren; loben ... • „Rollend" planen (evtl. Planung den Gegebenheiten anpassen) • Gemeinsamer Höhepunkt (Wettspiel, kleine Tour, Glücksspiel ...) • Gemeinsamer Ausklang; „cool down"	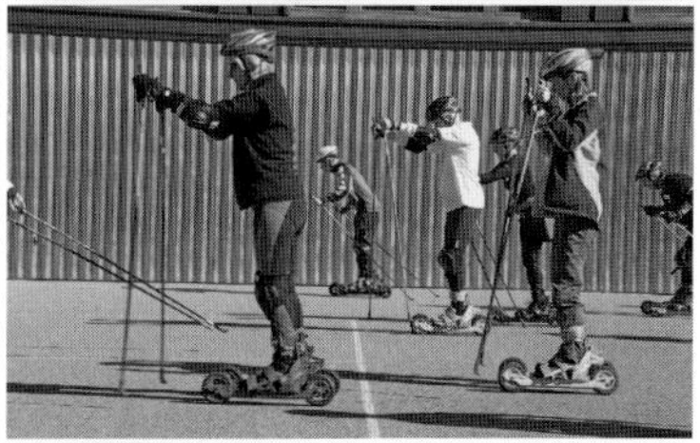
Kurz danach Unmittelbar und einen Tag danach	Gemeinsam aufräumen, *SKIKES* reinigen. • Kurzer Rückblick. Feedback einholen (mündlich oder schriftlich). • Danken und motivieren zum Üben. • Ausblick: Video; Fotos; Zusammenkunft; Trainingsteams bilden • Evtl. Zeitungsbericht mit Informationen für weitere derartige Veranstaltungen verfassen (evtl. Mithilfe von Teilnehmenden?)	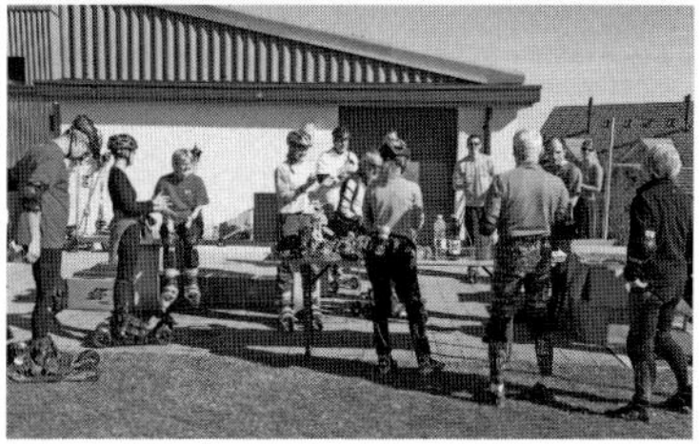

SKIKE – nothing like!

Die in dieser Broschüre vorgestellten Spiel- und Übungsformen ersetzen zwar keinen *SKIKE*-Kurs bei einem der zahlreichen lizensierten *SKIKE*-Trainerinnen und -Trainern, sie dienen jedoch als begleitendes Übungsmaterial zur Unterstützung bei *SKIKE*-Kursen. Ebenso sind die Übungen als Hilfestellung im Anschluss an einen *SKIKE*-Kurs, zur Verbesserung der Fahrtechnik und zur Förderung eines sauberen, sicheren Fahrstils nutzbar.
SKIKE bietet Kurse für alle Könnenstufen an, nämlich:
SKIKE-Schnupperkurs: Bei einem ***SKIKE*-Schnupperkurs** kannst du während einer Stunde erleben, erfahren und entdecken, was *SKIKEN* eigentlich ist. Der darauf folgende ***SKIKE*-Einsteigerkurs** verspricht drei Stunden *SKIKE*-Vergnügen und du lernst die wichtigsten Elemente des *SKIKENS:* Das richtige Einstellen und Anpassen der *SKIKES;* das richtige Bremsen – die wichtigste Voraussetzung und die richtige Kombination von Sicherheit und Spaß. Und zu guter Letzt erfährst und erlebst du, was kann man alles mit *SKIKES* sonst noch machen kann. Dann bist du genügend motiviert und vorbereitet für den ***SKIKE*-Aufbaukurs**. Dort kannst du so richtig loslegen! In diesem Kurs intensivierst und verbesserst du deine Fahrtechnik. Unterstützend für eine saubere Fahrtechnik erhälst du eine Videoanalyse. So lernst du Trainingsmethoden umzusetzen, deine Fahrergebnisse zu verbessern und gezielt selbständig oder unter Anleitung zu trainieren.

Unter www.skike.de (für Deutschland) und www.skike.ch (für die Schweiz) findest du alle wichtigen Informationen zum Produkt *SKIKE* und zu den Ausbildnern und Händlern in deiner Nähe. Falls du an der Ausbildung zum *SKIKE*-Trainer interessiert bist, findest du unter denselben Adressen weitere Informationen und Kontaktstellen.

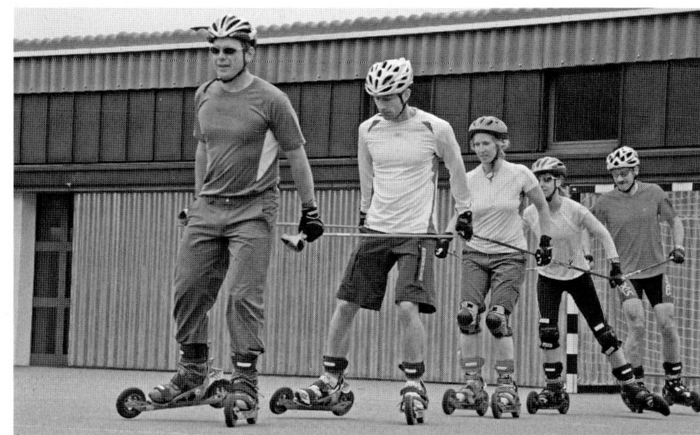